大阪大学新世紀セミナー

# 邪馬台国から大和政権へ

福永伸哉

大阪大学出版会

目次

# 第一章　邪馬台国の年代

## 一　考古学における年代

卑弥呼の時代はいつですかと問われれば、倭国乱の後に共立され、西暦二三九年には魏に使いを送ったという中国史書の記述があるので二世紀末から三世紀前半です、と答えるのは正しい。しかし、これが考古学的にどの時期にあたるのかを示すのは容易ではない。

考古資料自身は多くの場合、文字による年代情報をもたない。そこで、それらを時系列に並べて研究を組み立てていくためには、まず資料の相対年代を明らかにする編年作業を行った後に、絶対年代（暦年代《れきねんだい》）を与えていくという独特の方法が必要になる。(1)

(1)　考古学で用いられる年代には相対年代と絶対年代（暦年代）の二者があり、前者はたとえば「縄文時代早期」「布留式期」のように相対的な新古関係や新古の序列の中での位置を示すのに対して、後者は「西暦三世紀」「いまから一万年前」のように具体的な数値で示される年代をいう。

土器のある時代の考古学においては、刻々とスタイルを変えるその土器が相対年代のもっとも基本的な物差しとなる。本書とかかわりのある弥生時代、古墳時代についても、土器の変化を基本として相対年代の目盛りが刻まれ、さらにその他の資料の状況を勘案して、ともに前期・中期・後期・終末期に大別する時期区分が行われている。(2) 卑弥呼の時代がここに示した考古学的な時期区分のどこに対応するかを求めるためには、弥生時代後期～古墳時代前期の相対年代と暦年代の関係をまず明らかにする必要がある。

## 二　弥生暦年代比定の二つの立場

北部九州にいちはやく花開いた最初期の弥生文化は、中国東北部の遼寧《りょうねい》青銅器文化の影響を受けて成立した初期の朝鮮青銅器文化と深い関連をもつ。しかし、遼寧青銅器文化も初期朝鮮青銅器文化も文化要素の変遷はわかるものの、暦年代については研究者間でなお意見の隔たりがある。弥生時代の開始年代は、前五～四世紀という理解が現状では穏当なところであるが、研究の進展によっては一〇〇～二〇〇年程度の変動も十分に考えられる。(3)

弥生時代の暦年代研究において、もっとも確実度の高い年代比定の定点と考えられてきたのが、弥生後期の始まりの年代である。ただ、その理解の仕方は

(2) 本書では近畿の庄内式土器の時期を弥生時代終末期とするが、これを古墳時代に含める見方もある。何をもって古墳時代の開始とするかという立場の違いでもある。

(3) 弥生時代開始年代を考える数少ない資料として、福岡県今川遺跡から前期初頭の土器とともに出土した銅鏃や銅鑿（どうのみ）があげられる。これらは古式の遼寧式銅剣（りょうねいしきどうけん）を再加工して作られたものである。銅剣の製作年代については、研究者の間で前七世紀～前五世紀まで諸説があり、理論的には弥生時代の開始年代はこのあたりまでさかのぼる余地がある。ただ、製作後に再加工され、廃棄されるまでの時間をどれほどに見積もるかによって年代の捉え方も大きくかわる。

二〇〇三年、加速器質量分析法（AMS）を用いた炭素14年代測定によって弥生前期初頭の年代を前八世紀に引き上げるあらたな研究成果が公表され、弥生時代開始年代に関する議論はさらに流動化している。春成秀爾「弥生時代の開始年代」『歴博』No.120　国立歴史民俗博物館、二〇〇三年。

(4) 漢代の鏡を7期にわけてとらえる岡村秀典の編年にしたがった。岡村秀典『三角縁神獣鏡の時代』吉川弘文館、一九九九年。

九州と近畿の研究者の間で近年まで大きく異なっていた。

北部九州では、中期後葉から有力甕棺《かめかん》墓に多数の中国鏡が副葬される事例が現れるようになる。福岡県糸島市三雲《みくも》南《みなみ》小路《しょうじ》遺跡で二基の甕棺から出土した五三面、福岡県春日市須玖《すぐ》岡本《おかもと》遺跡D地点の甕棺の約三〇面などが代表的であるが、これらの鏡群はすべて前漢鏡からなる。三雲南小路で重圏彩画鏡《じゅうけんさいがきょう》、須玖岡本で草葉文鏡《そうようもんきょう》という形式的にやや古いものが少数含まれる以外は、漢鏡3期[4]（前漢中期後半～後期前半、前一世紀前半～中頃）の異体字銘帯鏡《いたいじめいたいきょう》や星雲文鏡《せいうんもんきょう》からなり、時期的に限定できる鏡群といえる。

続く後期初頭～前葉の甕棺にも中国鏡が副葬されるが、その種類はがらりと変わった。佐賀県唐津市桜馬場《さくらのばば》遺跡の甕棺から出土した流雲文縁《りゅううんもんえん》と素縁《そえん》の方格規矩鏡《ほうかくききょう》、佐賀県吉野ケ里町三津永田《みつながた》遺跡一〇四号甕棺出土の流雲文縁細線式獣帯鏡《さいせんしきじゅうたいきょう》などが好例である。いずれも岡村編年の漢鏡4期（前漢末～王莽《おうもう》代、前一世紀後葉～一世紀初頭）の所産である。

このように北部九州では、中期後葉から後期前葉への甕棺の型式変化と副葬される中国鏡種の変化の間に相関関係が読

①連弧文異字体銘帯鏡　16.4cm
（福岡県三雲南小路1号墓）

②流雲文縁細線式獣帯鏡　14.4cm
（佐賀県三津永田104号墓）

図1　弥生時代にもたらされた中国鏡

みとれるため、後期の始まりの年代を、後漢初頭をあまりくだならい一世紀後半に求める考えが、はやくから主張されてきた。(5)

これに対して、大陸製品による年代情報が乏しかった近畿地方においては、考古資料の変化を中国史料の記述に関連づけて理解するという回り道をとらざるをえなかった。

近畿中部では石製武器、とくに石鏃《せきぞく》の大型化や量の増加が中期後葉に頂点に達する。そして、この時期は軍事的性格をもつと考えられる高地性集落の造営のピークにもあたっていることから、これらの変化が『魏志』倭人伝や『後漢書』倭伝からうかがえる卑弥呼共立直前の「倭国乱」を反映したもの、という解釈が示されたのである。弥生中期の終わりは乱の最終段階の一八〇年頃となる。これにより、二世紀末頃の卑弥呼共立と軌を一にして始まる弥生後期は三世紀の大部分を含み込み、当時、古墳研究をリードする小林行雄が示していた三世紀末ないし四世紀初頭という古墳出現年代に矛盾なくつながっていく一つの暦年代の体系が生まれたのであった。(6)

## 三　暦年代激変の予兆

後期の始まりについて、近畿と九州の研究者の間に横たわる一五〇年近いギ

(5) 岡崎敬「日本考古学の方法」『古代の日本』九　角川書店、一九七一年。

(6) 田辺昭三・佐原眞「近畿」『日本の考古学』Ⅲ　河出書房、一九六五年。

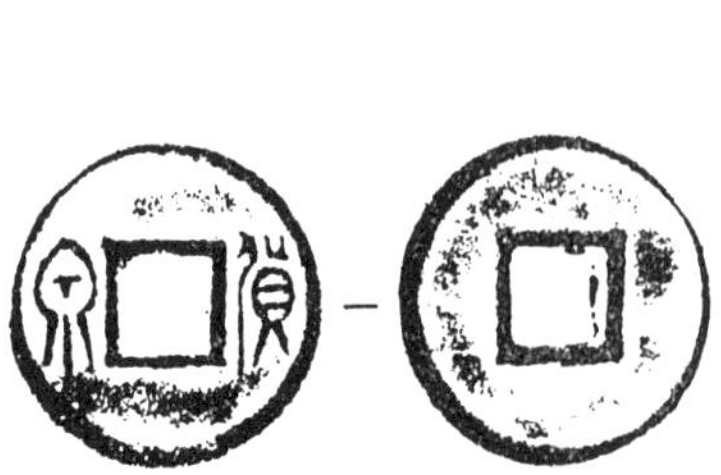

図2　亀井遺跡の貨泉（原寸）

ヤップを埋める議論は、それぞれの立論の根拠がまったく異なるだけに、にわかには進展しなかった。とはいえ、列島の開発にともなう発掘調査が増加した一九八〇年代以降、瀬戸内以東の地域でも土器との共伴関係がわかる中国製品の出土事例がすこしずつ増え始めた。なかでも、前漢王朝を倒した王莽が、従来の五銖銭《ごしゅせん》にかえて紀元一四年に鋳造を始めた貨泉《かせん》と呼ばれる銅銭は、鋳造期間が二〇年あまりと短かっただけに年代推定の有効な指標になる。

　大阪湾沿岸では大阪府八尾市亀井《かめい》遺跡、東大阪市巨摩廃寺《こまはいじ》遺跡で後期初頭の土器をともなって出土する例が実際に発掘調査で確かめられたほか、一九九〇年には岡山市高塚《たかつか》遺跡でも後期前葉の土器に共伴して二五枚もの貨泉が出土した。後期を三世紀とする枠組みは大きく揺らいだ。

　土器の編年研究の進展がもたらした成果も大きい。後期の土器だけでも四〜五段階の変化が認められるうえに、後期土器と古墳時代の布留式《ふるしき》土器の間に位置する土器として抽出された庄内式《しょうないしき》土器[7]が一定の継続期間をもつことが明確になったこともあって、これだけの土器様式をわずか一〇〇年ほどの間に押し込めることの難しさが、多くの研究者の間で感じられるようになってきたのである。さらに、古墳研究者の中からも、古墳出現年代を三世紀後半までさかのぼらせるべきだという主張が提起され[8]、もはや弥生後期の行き場は三世紀には見いだせなくなりつつあった。

（7）田中琢「布留式以前」『考古学研究』一二―一、一九六五年。

（8）白石太一郎「年代決定論（二）」『岩波講座日本考古学』岩波書店、一九八五年。

## 四　年輪年代の成果を受けて

いつかは来ると思われた日がとうとう現実になったのは、一九九四年四月二七日のことだった。一九八〇年頃から日本においても実用研究が続けられてきた年輪年代法[9]の物差しが、ついに弥生時代のほぼ確実な年代をはかることに成功したのである。この日の朝刊各紙は、大阪府和泉市池上《いけがみ》曽根《そね》遺跡でみつかった大型掘立柱《ほったてばしら》建物《たてもの》のヒノキの柱二本が、年輪年代法によって前五二年、前五六年に伐採されたことが判明したと大きく報じた。柱穴の埋土から出土した土器は中期後葉のものである。運搬した際の筏孔《いかだあな》が残り、再利用品とは考えにくいこの木柱は、まさにこの建物をつくるために切り出された可能性が高い。中期後葉の年代が前一世紀にさかのぼる有力な根拠だ。

年輪年代法の研究はその後も新しい成果を出

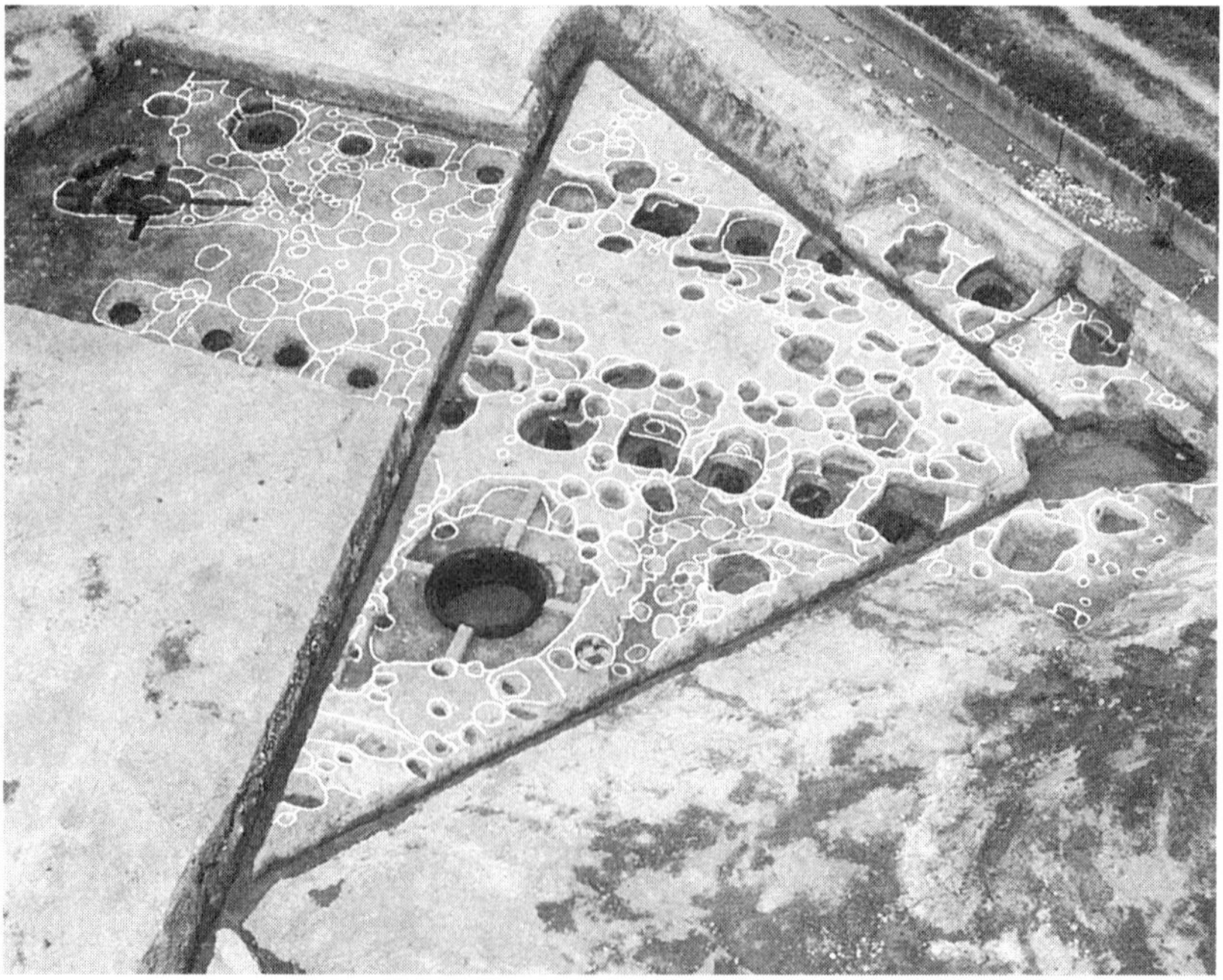

図3　池上曽根遺跡の大型掘立柱建物の柱列

し続けている。伐採年、あるいはそれに近い年輪年代が判明した中期の資料としては、兵庫県尼崎市武庫庄《むこのしょう》遺跡の柱（中期後葉古段階の土器共伴）の前二四五年頃、滋賀県守山市下之郷《しものごう》遺跡の木製盾（中期後葉古段階の土器共伴）の前二〇〇年頃、守山市二ノ畦《にのあぜ》・横枕《よこまくら》遺跡の井戸枠材（中期後葉新段階の土器共伴）の前六〇年と前九七年などがある。ただ、前二者は池上曽根遺跡の年代にくらべてかなり古い値であり、北部九州で中期後葉の甕棺から出土する漢鏡3期の鏡の上限年代（前一世紀前半）さえこえている。年輪年代についてはさらなる事例の増加や計測された木製品の使われ方の吟味などが進んでいけば落ち着きどころも明瞭になってくるだろう。

現時点では、中期後葉の年代の下限が池上曽根遺跡での前五二年から大きくはくだらないこと、逆に上限は北部九州で出土する漢鏡3期の鏡の年代から見て前一世紀前半をさかのぼらないこと、後期初頭の遺跡から貨泉が出土しはじめることなどを整合的に考えて、中期から後期への移行を一世紀前半のうちに求めるのがもっとも妥当である。

## 五　さかのぼる古墳出現年代

弥生後期開始年代の変動は、当然ながら従来近畿で考えられてきた年代観に

（9）気候変化によって年々の樹木の年輪幅に広狭の変動が見られることを利用した絶対年代決定法。まず伐採年の明らかな樹木を起点として、遺跡出土の木材で補いながら過去の年輪幅の変動パターンを確定し、これと照合することによって出土木材の伐採年を判定する。アメリカの天文学者A・E・ダグラスが考案。日本ではヒノキで紀元前九一二年まで、スギで紀元前一三一三年までの年輪変動パターンが明らかになっている。光谷拓実「年輪から歴史を読む」『発掘を科学する』岩波新書、一九九四年。

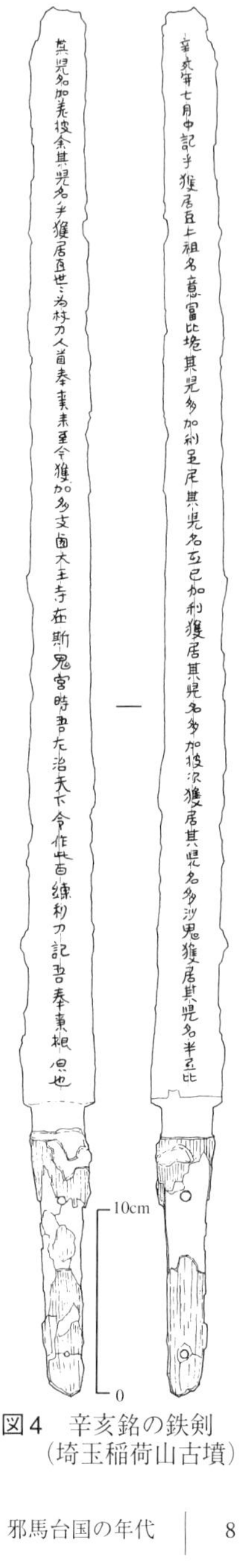
辛亥年七月中記乎獲居臣上祖名意富比垝其児多加利足尼其児名弖已加利獲居其児名多加披次獲居其児名多沙鬼獲居其児名半弖比
其児名加差披余其児名乎獲居臣世々為杖刀人首奉事来至今獲加多支鹵大王寺在斯鬼宮時吾左治天下令作此百錬利刀記吾奉事根原也
10cm
0

図4　辛亥銘の鉄剣
（埼玉稲荷山古墳）

対して大きな修正を求めるものであった。それはまた、近畿の古墳研究を軸として導かれてきた古墳出現年代との間に調整が必要になったことを意味した。先に述べたように、二世紀末を後期初頭とする理解は、古墳の出現、すなわち古墳時代の成立年代を三世紀末ないし四世紀初頭とする小林行雄の年代観と整合性を持っていたからである。(10)

一九七八年に発見された埼玉県行田市《ぎょうだし》稲荷山《いなりやま》古墳の鉄剣銘は、この新しい年代観にむしろ符合する。「辛亥年七月中記」で始まる一一五字の金象眼の銘文は、オワケなる人物がワカタケル大王（雄略＝『宋書』にみえる倭王武）の下で有力な補佐役として仕えたことを誇らしげに記していることから、冒頭の辛亥年を四七一年にあてる説が有力である。

四七一年に製作された鉄剣が、長期の伝世なく副葬されたとすれば、古墳の築造時期は五世紀末頃と考えてよい。墳丘の裾からは、葬送儀礼に用いられたと考えられる須恵器高坏が複数出土しており、その形態は高蔵《たかくら》四七型式の特徴

（10）古式の古墳から出土する三角縁神獣鏡に着目した小林は、二五〇年頃には魏からもたらされ、国内に保管されていた三角縁神獣鏡が、最古の前方後円墳の一つである京都府椿井大塚山古墳の被葬者によって各地に配布されたと理解する。そして、複雑な論理を駆使して椿井大塚山古墳の年代を二八〇年～三五〇年の間に絞り込んだ。小林行雄『古墳時代の研究』青木書店、一九六一年。

を示している。須恵器の形態は、高蔵七三型式→二一六型式→二〇八型式→二三型式→四七型式と変遷するから、土師器にくらべて変化のはやい須恵器一型式の存続幅を二〇年程度に見つもると、初現期の高蔵七三型式の時期を四〇〇年前後に位置づけることが可能になる。そして、須恵器出現以前の土師器である布留式土器が四段階程度に分割できるとすると、古墳出現期に使用された布留式最古相の成立年代は三世紀にかなり食い込む可能性が高くなる。

土器変化の時間幅を機械的に見つもることには危険がともなうが、最初期の須恵器である高蔵七三型式の年代については、奈良市平城宮第二次朝堂院《ちょうどういん》東《ひがし》朝集殿《ちょうしゅうでん》下層《かそう》の発掘調査でえられた年輪年代が参考になる。奈良国立文化財研究所によって一九九九年に発表されたその内容は、高蔵七三型式の須恵器と四一二年に伐採されたヒノキ材で作りかけた未完成の木製品が自然流路内で共伴したというものである。さらに測定事例を増やす必要はあるが、高蔵七三型式の使用期間が五世紀初頭にあったことを示唆する成果であることは間違いない。

また、三角縁《さんかくぶち》神獣鏡《しんじゅうきょう》の編年研究の進展が与えた影響も大きい。第七章でも述べるように、筆者は前期の古墳に多く副葬される三角縁神獣鏡は、紀年銘《きねんめい》鏡《きょう》[11]のある景初三（二三九）年を起点に、四段階の変遷をへて、三世紀後葉までの半世紀近くにわたって製作されたのではないかと考えている。重要なことは、小林行雄によってもっとも古い古墳と考えられた京都府木津川市椿井大塚《つばいおおつか》

（11）年号や干支を含む銘を持つ鏡。

山《やま》古墳にはすでに三段階までの三角縁神獣鏡が副葬されている点である。これに対して、八〇年代末以降に調査された兵庫県たつの市権現山《ごんげんやま》五一号墳、神戸市西求女塚《にしもとめづか》古墳、奈良県天理市黒塚《くろつか》古墳などは、二段階までの三角縁神獣鏡しか含まないことから、椿井大塚山古墳よりわずかに古い古墳である可能性が高い。古墳時代の底は小林が最古とみた椿井大塚山古墳よりさらに深くなったのである。

## 六　画文帯神獣鏡と三角縁神獣鏡

では、古墳出現年代はどこまでさかのぼるのか。筆者は、三角縁神獣鏡と画文帯神獣鏡《がもんたいしんじゅうきょう》による年代のサンドイッチによってこれをある程度絞り込むことができると考えている。

筆者は、布留式の最古段階において、奈良県桜井市箸墓《はしはか》古墳の築造を契機として、これと類似した特徴を持つ前方後円墳・前方後方墳が西日本で広く出現することをもって古墳時代開始を画する立場である。内部のようすがよくわからない箸墓古墳はさておくとしても、これに近い時期の有力古墳から多数出土している古いタイプの三角縁神獣鏡は、二五〇年頃までに魏《ぎ》から卑弥呼のもとへもたらされたものと考えられる。古墳の出現年代は、これ以上にはさかのぼりえないのである。

庄内式土器を出土する墳墓に三角縁神獣鏡がみられないこともこうした考えの確からしさを裏付けている。庄内式期最大級の規模を誇る桜井市ホケノ山墳墓に副葬された鏡は画文帯神獣鏡と内行花文鏡であったし、庄内式期古相の徳島県鳴門市萩原《はぎはら》一号墓からも画文帯神獣鏡が出土している。庄内式期は画文帯神獣鏡が流入しはじめた時期と理解することができる。

第五章で述べるように、日本で出土する画文帯神獣鏡の大半は三世紀初頭から前葉にかけて大陸で製作されたものと考えられるので、三角縁神獣鏡より出現時期がわずかに古い。つまり、庄内式期から布留式期への土器の推移と鏡の変化は整合的とみてよい。さらに、最初期の古墳には三世紀後葉に製作されたと考えられる新しいタイプの三角縁神獣鏡が含まれないことも重要な情報だ。

以上を整理すると、古墳出現年代は、画文帯神獣鏡の流入開始よりも確実に後で、二五〇年頃までにもたらされた三角縁神獣鏡の副葬は始まるが、三世紀後葉の三角縁神獣鏡の副葬はまだ行われていない段階ということになる。あえて数値

①画文帯同向式神獣鏡　19.0cm
（奈良県ホケノ山墳墓）

②景初三年三角縁神獣鏡　23.0cm
（島根県神原神社古墳）

図5　古墳出現年代の手がかりとなる中国鏡

で示せば二六〇年前後ということになろうか。隔靴掻痒の感は否めないが、現状ではこのあたりが古墳出現年代比定の限界と認めざるをえない。

## 七　邪馬台国の相対年代

文字資料もほとんどない弥生、古墳時代。研究者によって暦年代のとらえ方に違いがあるのは当然だ。しかし、古墳出現へ向けて社会が大きく動く二世紀から三世紀にかけては、列島をとりまく東アジア世界もまた激動の時代である。二、三〇年も違えば、考慮すべき東アジア情勢は大きく変化する。この時代の歴史展開を考古学資料に基づいて語ろうとすれば、まずみずからの暦年代観とその根拠を示すことが必要なのである。

このような理由から、本章では弥生時代後期から古墳時代開始期の暦年代比定のポイントについてやや詳しく述べてきた。弥生後期の始まりは一世紀前半、布留式の初期に対応する古墳の出現は二六〇年前後、その直前の庄内式期（弥生終末期）は、古い段階の画文帯神獣鏡の副葬が始まっていることから判断して、二世紀末から六〇～七〇年間ほどという理解になる。つまり、卑弥呼の時代の相対年代は庄内式期に相当するという答えになるのである。こうした年代観を明らかにしたうえで以下の記述を進めていこう。

| 時代 | 弥生時代 | | | | | | 古墳時代 | | | |
|---|---|---|---|---|---|---|---|---|---|---|
| 年代 | | | | AD1 | 190 | | 260 | 400 | 500 | 600 |
| 時期 | 前期 | 中期 前葉 | 中期 中葉 | 中期 後葉 | 後期 | 終末期 | 前期 | 中期 | 後期 | 終末期 |
| 土器 | 第Ⅰ様式 | 第Ⅱ様式 | 第Ⅲ様式 | 第Ⅳ様式 | 第Ⅴ様式 | 庄内式 | 布留0式 布留1式 布留2式 布留3式 | 高蔵73型式 高蔵216型式 高蔵208型式 高蔵23型式 高蔵47型式 | 陶器山15型式 高蔵10型式 陶器山85型式 高蔵43型式 高蔵209型式 | 飛鳥様式 |

図6　弥生時代・古墳時代の時期区分と暦年代

# 第二章　弥生型社会の確立と変質

## 一　拠点となる集落

北部九州で始まった水稲農耕は、弥生前期末には東海地域までほぼ連続的に波及し、点的には東北地方北部にまで達した。西日本で前期末に登場する集落のなかには、その後数百年間にわたって集住が続き、地域の中心的な集落に発展するものがある。拠点集落とも呼ばれるこうした大規模集落は、大阪湾沿岸ではほぼ四～五kmおきに存在する。この拠点集落と周辺の小集落からなるまとまりが、中小河川の流域を単位としてつぎつぎに連なる姿は、すでに原口正三や酒井龍一らの研究によって明らかになっている(1)。弥生中期中葉から後葉にかけて完成したこの地域構造はまさに弥生型農耕共同体の基本形態である(2)。

中核となる拠点集落は、しばしば周囲を濠で囲む環濠集落《かんごうしゅうらく》(3)の形態をとる。

（1）原口正三「考古学からみた原始・古代の高槻」『高槻市史』第一巻、一九七七年。酒井龍一「弥生社会のしくみはどうなっていたのか」『争点日本の歴史』一　新人物往来社、一九九〇年。

（2）拠点集落、周辺集落という概念で地域社会の構造をモデル化する研究は、田中義昭によって提唱された。田中義昭「南関東における農耕社会の成立をめぐる若干の問題」『考古学研究』二二―三、一九七六年。

（3）東アジアにおける環濠集落の起源は新石器時代の中国にあるが、わが国の環濠集落の直接の系譜は朝鮮半島南部の無文土器時代の環濠集落に求められる。これがまず北部九州に伝わり、弥生前期のうちには大阪湾沿岸、さらに中期後葉には南関東にまで達する。

かつて、環濠集落の景観としては、高校の教科書にも登場する横浜市大塚遺跡から推測されるイメージが一般的であった。中期後葉の大塚遺跡の集落は、環濠で囲まれた二万三千㎡の範囲に九〇棟の竪穴住居と一〇棟の高床倉庫《たかゆかそうこ》がまんべんなく分布する等質的な内部構造である。しかし、その後西日本の環濠集落の調査が進むにつれて、西日本では遅くとも中期中葉には集落内部の構造がかなり複雑化していたことが明らかになってきた。

　近畿地方における好例は、大阪府和泉市池上曽根遺跡だ。集落の最盛期を迎えた弥生中期後葉には、濠に囲まれた内部の面積が六万四千㎡にも達し、全国的にみても有数の環濠集落に発展した。集落の北西部には年輪年代に関連して前章でもとりあげた巨大な掘立柱建物が存在する。両妻側に独立棟持柱《どくりつむなもちばしら》を立てる構造からみて、通常の住居や倉庫ではなく、宗教的役割をもった建造物であったと考えられる。すぐ南には、直径二・五ｍものクスノキをくり抜いて枠に使った大井戸がともない、付近からみつかったサヌカイト石材や蛸壺を埋納《まいのう》した特殊な遺構とあわせて、一帯が聖なる空間であったことをうかがわせる。

　大型掘立柱建物の東には砂礫質の土砂を用いて整地されたエリアが広がる。湿り気を避けるための地盤整備ととらえ、付近から出土するスサ入り(4)の焼土塊などを重視して、金属器工房区であった可能性も指摘されている。内濠を挟んだ南部一帯にはおびただしい数の竪穴住居群からなる集住エリアが広がり、外

図7　大塚遺跡の環濠集落

(4) 補強のために土に混ぜられた藁（わら）くずなど。炉壁などに使われることがある。

(5) 乾哲也ほか『弥生の環濠都市と巨大神殿』池上曽根遺跡史跡指定二〇周年記念事業実行委員会、一九九六年。

(6) 中期後葉段階の近畿地方において複雑な集落内部の様子を示す事例としては、川西市加茂遺跡の塀をめぐらした方形区画、守山市下之郷遺跡の環濠集落内でみつかった東西約七五ｍ、南北約百ｍの「内郭」とも呼ぶべき方形区画などがあげられる。近畿以外では佐賀県吉野ケ里遺跡や愛媛県松山市文京（ぶんきょう）遺跡などが好例である。

濠の外側には多数の方形周溝墓群が営まれた(5)。

調査で判明した部分はごく一部にとどまるものの、池上曽根集落は異なる用途のエリアを内部に巧妙に配置した複雑な構造をとっていたことが推測できるのである。前述の大塚遺跡との構造の違いは、東西日本の間で水稲農耕の普及と依存の度合いによって、社会の複雑化の足取りが異なっていたことを示すものと理解できよう(6)。

## 二　日常交易のあり方

拠点集落の役割を考えるとき、兵庫県の六甲南麓地域の弥生集落から出土する他地域産（河内産）の土器の割合を検討した森岡秀人の研究(7)は重要である。森岡は、この地域の小規模な高地性集落から出土する河内産の土器が全体の一%弱であるのに対して、平野部の拠点集落から出土する比率はその数倍にのぼることから、河内産の土器は地域の拠点集落を経由して高地性集落に持ち

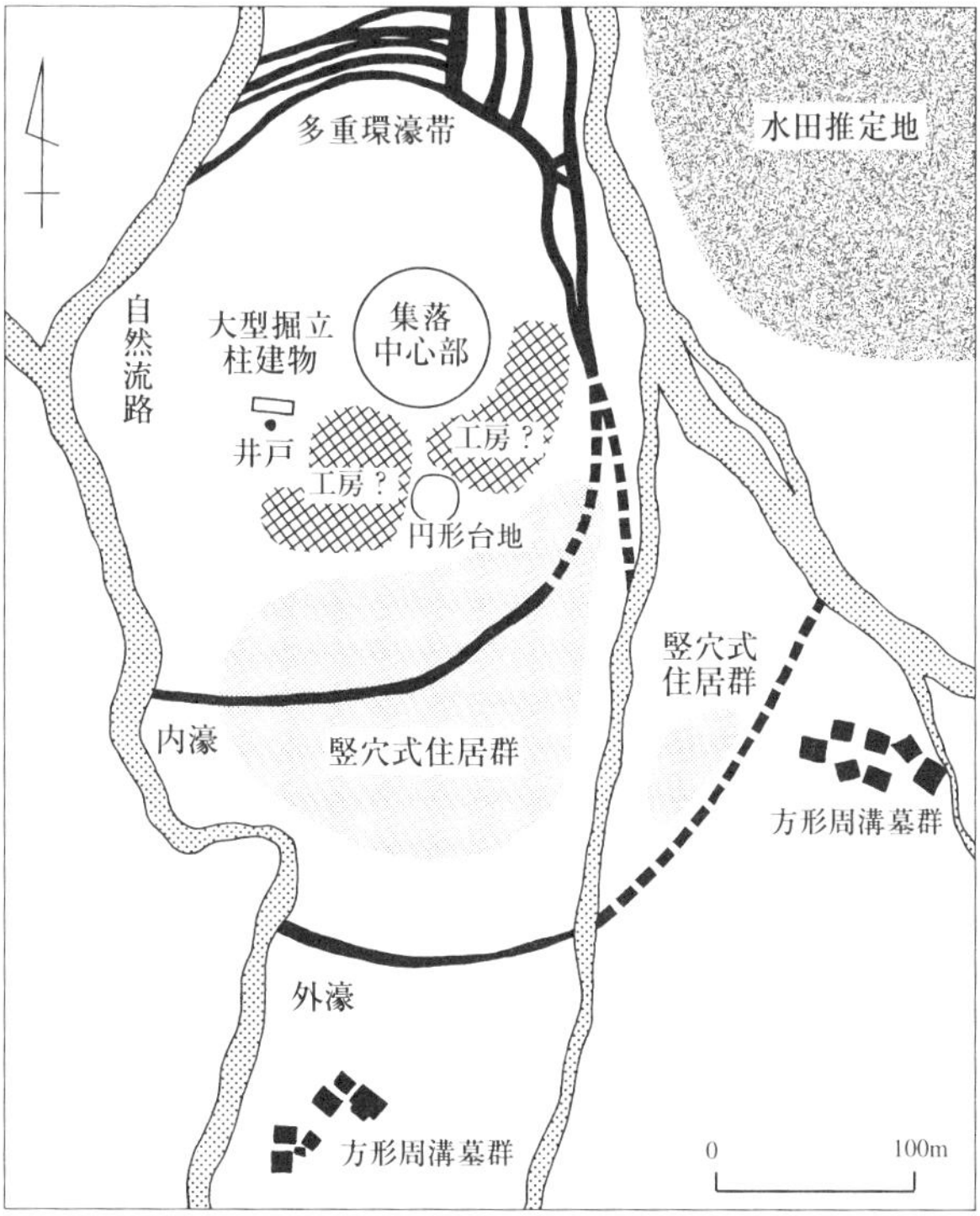


図8
池上曽根遺跡の集落構造の推定

込まれたと理解した。つまり、拠点集落が地域の物資流通センターとして機能しているというわけだ。

土器については、その内容物がわからないことが多いが、石器石材の場合は農工具の直接の素材であるだけに意味はわかりやすい。畿内地域南部では磨製《ませい》石庖丁《いしぼうちょう》の石材として、紀ノ川流域の結晶片岩《けっしょうへんがん》が多く用いられているが、池上曽根遺跡はその素材の集散地として繁栄したことが推定されているし(8)、サヌカイト石材については、産出地に近い大阪府富田林市甲田南《こうだみなみ》遺跡や喜志遺跡だけでなく、畿内北部にも兵庫県川西市加茂《かも》遺跡のような流通の拠点となる集落が存在している(9)。

弥生中期においては、拠点集落と周辺の小集落が結合した共同体社会が、中小河川の流域など水資源を共有する小地域を単位として展開し、日々の食料や土器などはこの共同体の枠内で基本的に自給されていたと考えられる。いっぽうで、磨製・打製の石器石材、木棺に使われるコウヤマキやヒノキの大型板材(10)、あるいは山海の特産物などについては、共同体の境界をこえた流通が行われていた可能性が高い。

つまり、中期に完成した弥生型社会においては、拠点集落を核とする共同体内の自給を基本としつつも、さらに各共同体の立地環境などに応じた特産品的な物資を近在の共同体間で交換しあうような互恵的な日常交易圏が形成されて

(7) 森岡秀人「東六甲の高地性集落(中)」『古代学研究』九七、一九八二年。
(8) 酒井龍一「石庖丁の生産と消費をめぐる二つのモデル」『考古学研究』二一―二、一九七四年。
(9) 蜂屋晴美「終末期石器の性格とその社会」『古文化論叢』藤沢一夫先生古稀記念論文集、一九八三年。
(10) 近畿地方で弥生時代に棺材としてもっとも多く用いられたのがコウヤマキであり、ヒノキがこれに次ぐ。まれにクスノキやカヤも利用された。

図9　コウヤマキ製の木棺（四条畷市雁屋遺跡）

いた。そして、それぞれの共同体を代表する首長たちが交易のルールづくりや実際の活動を担っていたものと考えられる。

こうした交易圏は、規模の違いを持ちながらも、大きな平野などを単位に日本列島の各地に成立していた。『漢書』地理志にみえる「分かれて百余国」とはまさにこうした倭人社会のようすをとらえたものだろう。近畿中部でいえば、河内潟の周辺やこれに注ぐ河川流域を含めた現在の大阪平野一帯に、一つの交易圏を想定することができる。

## 三　葬制の特質

弥生中期の近畿から南関東にかけては、方形周溝墓と呼ばれる区画墓が盛行する(11)。周溝墓の内部にはふつう三～四基の、多いときには一〇基をこえる埋葬施設が設けられている。しばしば小児用土器棺を含む例や、並列する木棺に男女が埋葬されている例がみられることから、周溝墓のそれぞれが家族墓であったと推定できる。

かつて、方形周溝墓研究史の初期にはこれを後の古墳へと展開していく首長墓とみる考えもあったが、その後の検出例の激増を勘案すると、周溝墓こそが共同体成員のかなりの部分が葬られる一般的な墳墓であったとみるべきだろ

(11) 全体としては方形周溝墓が多いが、瀬戸内を中心に円形周溝墓の確認例も増加している。

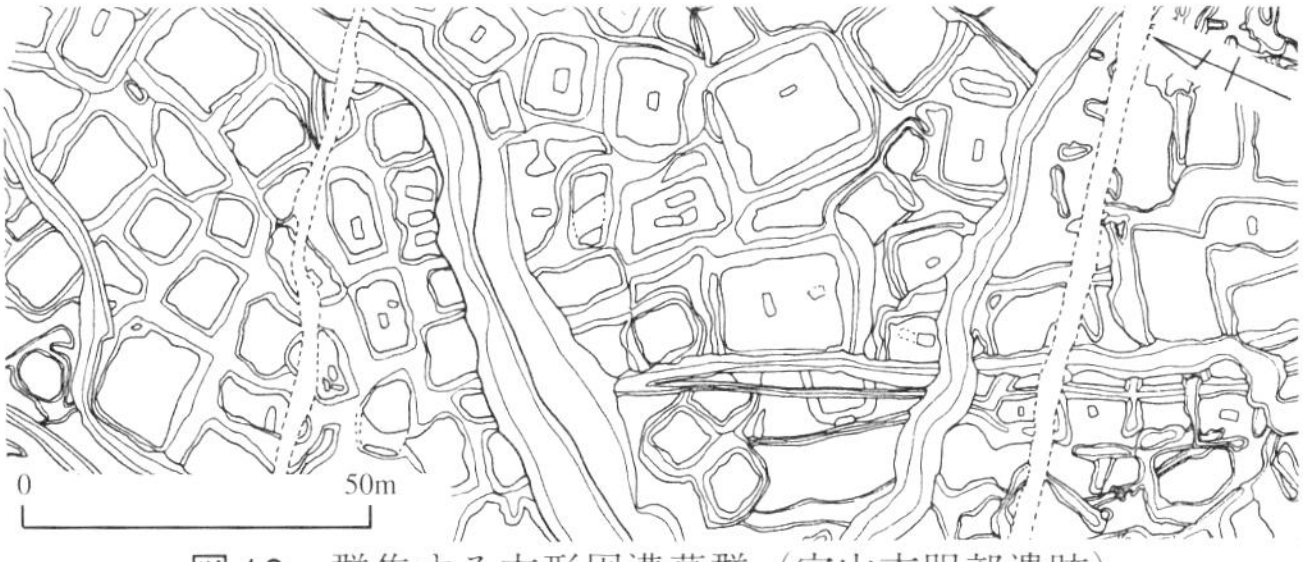

図10　群集する方形周溝墓群（守山市服部遺跡）

う。[12] 数百基にものぼる周溝墓群は、複数の家族が累世的に営んだ墳墓の集積した姿であると理解できる。明確な家族単位の区画をもちながらも全体としては群集して共同墓地を形成していることは、同じ墓域を共有する集団のまとまりの強さを示唆している。同じ地点に周溝墓群を営んだ人々は、居住地においても同じ環濠集落内で生活をともにする集団であったにちがいない。

もちろん、周溝墓にも規模の違いはある。しかし、それは近畿でもっとも古い周溝墓群である弥生前期中葉の兵庫県尼崎市東武庫《ひがしむこ》遺跡においてもすでに認められることである。共同体にはリーダーが必要だ。中期中葉になると、池上曽根集落の複雑な構造から判断しても、分業の管理、他集団との交易、祭祀の執行など、首長に負わされた役割が重みを増したことは想像に難くない。首長と一般成員の墳墓の規模が異なるのは当然であった。むしろ差異を含みながらも、同じ墓域に周溝墓を築き同じ葬儀を行うことによって共同体的なまとまりが保たれていた点にこそ、弥生型社会の特質がよく示されているのである。[13]

## 四　銅鐸と農耕祭祀

共同体の精神的な紐帯を確認する場としては、銅鐸を用いた農耕祭祀の役割も大きい。日本の銅鐸は朝鮮半島の青銅器時代の小銅鐸を直接の祖形として生

(12) 守山市服部遺跡では弥生中期に属する三六〇基の周溝墓群がみつかっている。

(13) 福永伸哉「畿内の弥生墓制の特徴は何か」『新視点日本の歴史』原始編　新人物往来社、一九九三年。

(14) 佐原眞「銅鐸の鋳造」『世界考古学大系』二　日本Ⅱ　平凡社、一九六〇年。

(15) 金関恕「まじないの世界とうらないの世界」『宇宙への祈り』日本古代史三　集英社、一九八六年。

まれた。銅鐸の鈕《ちゅう》（吊り手）部分の形態に着目した佐原眞は、それが吊る す機能にふさわしい分厚いものから装飾を増して薄く扁平になっていく変化を見いだし、銅鐸を古いものから順に菱環鈕《りょうかんちゅう》式、外縁付鈕《がいえんつきちゅう》式、扁平《へんぺい》鈕《ちゅう》式、突線鈕《とっせんちゅう》式の四型式に分類した(14)。そして、鋳型出土例や土器文様との関連などを手がかりにして、最古の菱環鈕式銅鐸の製作が弥生時代前期末にさかのぼる可能性を指摘している。また、これに続く外縁付鈕式は中期前半〜中頃に、扁平鈕式は中期後半に、そして突線鈕式はほぼ後期に製作されたと理解できる。

　近年では、佐賀県神埼市・吉野ヶ里町吉野ケ里《よしのがり》遺跡から銅鐸が出土し、初期の銅鐸は九州においてもわずかに用いられたことが判明したが、中期の扁平鈕式までの銅鐸を農耕祭祀の中心的な器物として継続的に使用したのは、やはり瀬戸内から東海西部にかけての集団であった。

　鳥取県米子市稲吉《いなよし》遺跡から出土した中期中葉の壺に描かれた絵画は、複数の研究者が注目するように(15)、銅鐸と農耕祭祀の関係を表している可能性が高い。太陽らしき図形の下に鳥装の漕ぎ手が乗るゴンドラ型の舟。進む先には、長い柱と梯子を備えた建物と高床倉庫が並び、倉庫の隣の樹木には銅鐸を思わせる紡錘形《ぼうすいがた》の器物が二つつり下げられている。銅鐸が揺り鳴らされるなか、招来した穀霊《こくれい》が舟にのせられてまさに村に到着

1　菱環鈕式　兵庫・中川原
2　外縁付鈕式　兵庫・中山
3　扁平鈕式　伝香川
4　突線鈕2式　大阪・天神山
5　突線鈕3式　滋賀・大岩山
6　突線鈕5式　滋賀・大岩山

図11　銅鐸の型式変遷

する場面であろうか。

弥生中期までの銅鐸は、内面の舌とふれあう位置にある突帯（内面突帯）がすり減っていることが多い。おそらく、長年にわたってしかるべき祭祀の場面で揺り鳴らされたのであろう。村祭りの御輿と鐘を兼ね合わせたものといえば卑近にすぎるが、銅鐸の祭りは、年々の安定的な収穫と共同体の繁栄を祈願する重要な催しであるとともに、その共同体的まとまりを保持していくためのイデオロギー装置の役割をも果たしていたのである。

## 五　拠点集落の衰退と交易圏の変質

拠点集落を核にもつ複数の農耕共同体が対等の関係で地域内に共存し、全体として互恵的な地域交易圏を形成するという弥生型社会は、中期中葉から後葉、すなわち前二世紀～前一世紀にかけて二〇〇年近くにわたって、ほぼ安定的に継続した。

しかし、ついに変化の時が訪れた。近畿地方では大和や近江の一部を除くと、ほとんどの環濠集落は中期末～後期初頭頃に濠が埋没し、ふたたび掘り直されることはなかった。弥生型社会の象徴であった環濠集落は消滅してしまうので(16)ある。こうした変化は近畿だけのものではない。農耕社会が成立した九州から

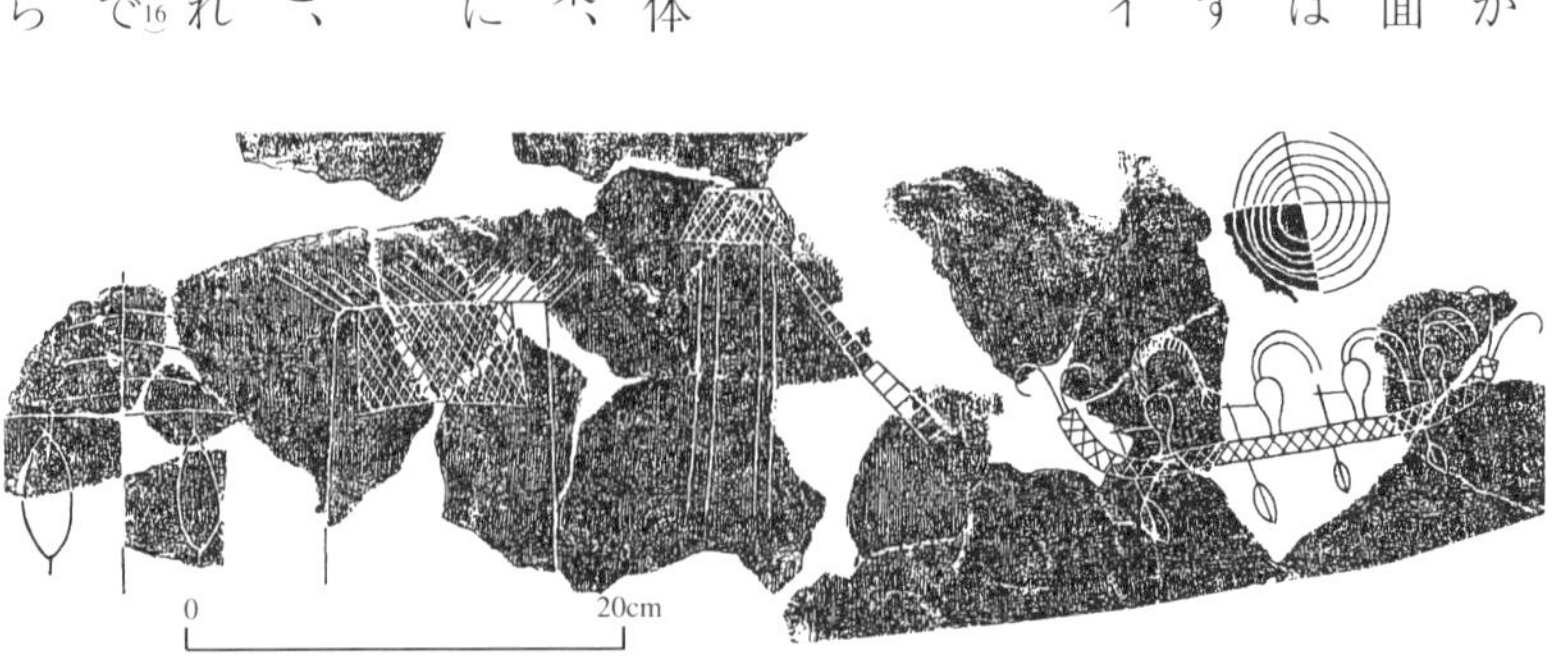

図12　稲吉遺跡の土器絵画

南関東までの広い範囲を見渡しても、中期以来の拠点集落がそのまま後期まで順調に続くことは稀である。

筆者は、中期社会の崩壊ともいえる社会構造激変の主因の一つに、中期末以降、生活維持に不可欠な利器素材が石から鉄へと転換していくこと、それにともなって交易のあり方が根本的に変化することをあげたい。

思えば、中期までの社会においては稲作も、狩猟も、戦争もみな石製利器が主役であった。それらの石器が後期後葉以降はほぼ消滅することから、この間に鉄器化が着実に進行したと判断できる。弥生時代の鉄は基本的に大陸の資源に依存していた。鉄が従来の交易圏のはるか外側に産するものである以上、その入手には産出地と流入地を結ぶきわめて長い距離の、かつ確実な流通網をつなぐ必要があった。

たしかに、弥生中期以前にも、朝鮮半島や中国の青銅器や鉄器などがはるばる瀬戸内以東までもたらされることはあった。しかし、量的にはきわめてわずかであり、それが社会変化の原動力になることはなかった。これに対して、中期末以降の鉄は社会を変える力となったのである。従来の物資とは交換価値も産出地もまったく異なる鉄が量的に流入することは、地域内の旧い互恵的な交易システムでは受け止めがたい事態であった。狭い地域で完結する閉鎖型の交易にかわるあらたな長距離交易の比重が増していくのは必然的な流れである。

(16) 近畿地方でも、和泉市観音寺山遺跡、高槻市古曽部（こそべ）・芝谷遺跡、神戸市表山（おもてやま）遺跡などのように、丘陵上に溝をめぐらせた大規模な集落が後期初頭になって営まれる例があるが、中期の拠点集落とは比較にならないほど少数である。後期にも環濠集落があるという理由で中期末の社会変化を過小評価するわけにはいかない。

そして、こうした鉄の流通を推進しえたのは、もはや一般成員ではなく、各地の首長層の間に生まれた首長連合とも呼べる結びつきであったと考えられる。

広域交渉を通じてみずからの階層的地位に目覚めた首長層にとって、一般成員とともに環濠集落という運命共同体的な集落に住み続けることの意味は薄らいでいった。互恵的交易の拠点としての環濠集落の役割もいまや低下した。中期社会の枠組みのなかで一定の階層的成長を遂げ、環濠集落内でもすでに特定の居住区を獲得していた首長層が、みずからの居宅を環濠外に営みはじめることは、さほど困難な選択ではなかったであろう。(17) 環濠集落はこうして解体し、弥生型社会は大きく変質していく。

## 六　鉄の力

弥生中期末から後期初頭を境にして、近畿弥生社会が大きく変化したことはおおかたの同意がえられる事実であろう。しかし、それをもたらした主因の一つが、前述したような鉄器の量的な流入であったかどうかについては、じつは研究者の間にも賛否両論がある。

この問題を複雑にしているのは、中期以来の拠点集落の多くが解体に向かう後期前葉においても、依然として近畿中部で出土する鉄器の量が劇的な増加を

(17) 都出比呂志「環濠集落の成立と解体」『考古学研究』一一九―四、一九八三年。

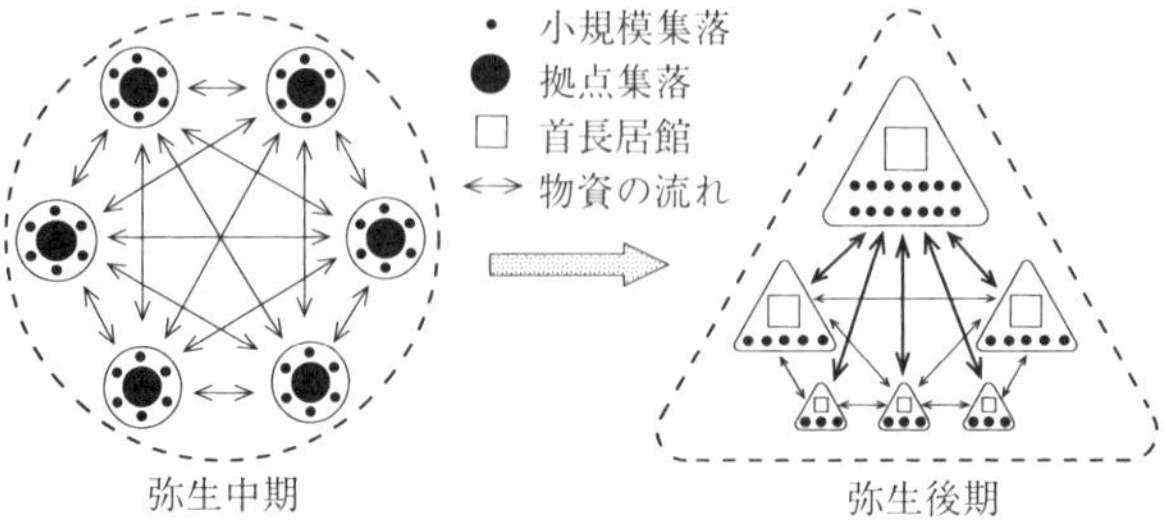

図13　弥生時代の社会変化（概念図）

みせないことである。しかし、いっぽうで石器生産は中期後葉にピークを迎えた後、後期前葉になると減少傾向が明確になる。後期にも石器が残存することは確かだが、中期後葉段階の需要を満たす量とはいえず、やはりそれにかわる鉄器の普及を想定するほうが合理的であろう。

たとえば、京都府北部の丹後地域にある中期後葉の京丹後市奈具岡《なぐおか》遺跡においては、一九九〇年代の調査で谷部斜面の建物址から合計八kg以上の鉄器が出土した。この時期の鉄器としては北部九州も含めて列島屈指の出土量である。奈具岡の鉄器は、水晶の玉作りに用いるタガネ状の工具や錐などの小型品、板状の鉄素材から製品をつくった後の端切れのような断片などが多く、技術的達成度も低い。玉作りに付随した小型品を製作する鉄器生産が中心であったという見方もできよう。

しかし、用途が何であれ、すでに丹後地域が必要に応じてこれだけ多量の鉄素材を入手する力を持っていた事実は重い。奈具岡では、一点ではあるが袋状鉄斧《てっぷ》が出土している。この遺跡でつくられたものであろう。かりに捨てられた鉄板の切れ端がもとの素材の二割にあたるとすると、製品になった鉄の量は三二kgにのぼる。中型の鉄斧に換算して一五〇個はできる量だ。とても一集落で使う量とは考えられず、周辺の集落に供給されたことは想像に難くない。こうした日本海まわりの鉄がはるばる畿内地域までもたらされた可能性もあるだろう。

## 七　核をもつ畿内社会

弥生後期までの鉄器については、出土量、製作技術とも大陸に近い北部九州地域が卓越しており、東に行くほど質、量ともに低下するという実態が、近年の実証的な研究によって明らかにされている。(18) 北部九州地域とくらべたとき、畿内地域の劣勢は明確だ。しかし、どれほどの鉄器が流入すれば社会変革の引き金になりうるのかという点は、それぞれの地域社会の歴史的条件のなかで評価すべき問題である。

畿内地域の弥生社会は、石器石材の流通を軸として、大阪平野一帯にきわめて広い範囲で互恵的な日常交易圏を形成していた。こうした社会は、主要な交易品のほとんどが地域内で調達できる限りにおいては安定性を保っているが、いったん外部の必需資源に依存する動きが本格化すれば、それへのアクセスをめぐって集団間の優劣が生じ、地域社会内に中心―周辺関係が形成されやすいことが予想できる。

近畿中部では、兵庫県三田市奈カリ与《なかりよ》遺跡、神戸市伯母野山《おばのやま》遺跡の板状鉄斧《ばんじょうてつぷ》や鉄鏃《てつぞく》などが示すように、中期後葉を境にして鉄器流入量が確実に増大していく。また、周辺部でも中期後葉になると前述の奈具岡遺跡や滋賀県高島市熊野本《くまのもと》遺跡のように、鉄器を多く持つ集落が現れるようになる。いまだ拠点集

(18) 村上恭通『倭人と鉄の考古学』青木書店、一九九八年。

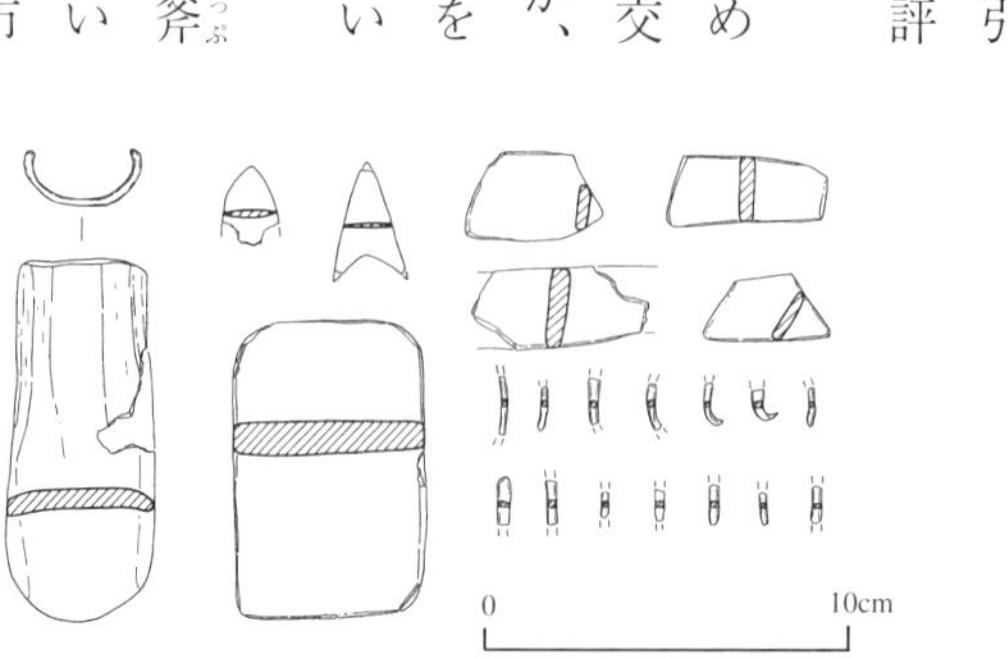

図14　奈良岡遺跡の鉄器（左から有袋斧，鏃，素材片，錐）

落の多くが環濠をもつこの段階において、外来物資の流通を契機にしてすでに集団間の格差が準備されはじめていたと考えられる。

そして、畿内地域は後期になると中心となる核をもつ地域社会へと向かうのである。その核は、外来物資の入手おいて主導的な役割を果たすとともに、おそらく後述するような後期の突線鈕式銅鐸の生産・流通を管理した勢力であった可能性が高い。

## 八　葬制と死生観の変化

生きている人々の社会が変われば死者たちの世界にも変化が現れるのは当然のことである。二〇〇年近くにわたって造営されてきた大規模な方形周溝墓群でも、中期末から後期初頭の変革期をこえてなお長期に継続するものは認められない。

環濠集落が解体した後、後期前葉から中葉の近畿地方では墓域じたいの確認例も少なく、葬制はにわかに不明瞭になる。後期後半から終末期になるとふたたび周溝墓が目立つようになるが、それらは中心に一基の埋葬施設を持つだけのものが多く、すでに家族墓から有力個人墓へと性格を変えている。この間に中期までの横並びの葬制から階層別の葬制へと死者の世界も動いていったのである。

また、この時期の社会変化は人々の死生観までも変えたらしいことが、埋葬姿勢の推移からうかがえる。図15は近畿の弥生遺跡から検出された埋葬人骨の膝屈曲度[19]の推移を時期別に示したものである。縄文時代に膝を強く曲げて埋葬する屈葬が一般的であったことはよく知られているが、驚くべきことにこの膝屈曲という習慣は水稲農耕を始めて三〜四〇〇年がすぎた弥生中期後葉段階でもかなり残されていたのである。

ところが、これほどかたくなに守り続けてきた屈肢習俗も、後期を迎えるといとも簡単に消えて畿内以西では伸展葬へとほぼ統一されてしまう。屈肢の意味はいまここで問わないが、最後まで引きずっていた縄文的な死生観が急速に消滅していくことは、社会の変化が人々の思想面にまで大きな影響をおよぼしたことを示唆しているのである。

## 九　銅鐸祭祀の終焉

中期社会の変質を裏づけるもう一つの、そして決定的な現象として、中期末から後期初頭頃に一斉に行われた銅鐸埋納をあげることができる。前述したように、銅鐸は前期末ごろ

| 膝屈曲度 ＼ 時　期 | <br>0°≦α＜45° | <br>45°≦α＜90° | 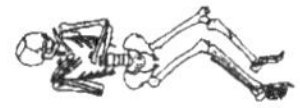<br>90°≦α＜135° | <br>135°≦α≦180° |
|---|---|---|---|---|
| 縄文時代 | ★★★★★★★★★★<br>★★★★★★★★★★<br>★★★★★★★★★★<br>★★★★★★★★★★<br>★★★★★★★★★★<br>★★★★★★★★★★<br>★★★★★★★★★★<br>★★★★★★★★★★<br>★★★★★★★★★ | ★★★★★★★★ | | ★★ |
| 弥生前期〜中期前葉 | ★★★★★★★★★★<br>★★★★★★★★★★<br>★★★ | ★ | ★★ | ★★★★ |
| 弥生中期中葉〜後葉 | ★★★★★★★★★★<br>★★★★★★★★★ | ★★★★★★★★★★<br>★★★★★ | ★★★★★★★★★★<br>★★★★★ | ★★★★★★★★★★<br>★★★★★★★★★★<br>★★★★★★★★ |
| 弥生後期 | | | ★★★ | ★★★★★★★★★★<br>★★★★★★★★★★<br>★★★★★★★★★★<br>★★ |
| 古墳時代 | | | | ★★★★★★★★★★<br>★★★★★★★★★★<br>★★★★★★★★★★<br>★★★★★★★★★★<br>★★ |

図15　近畿地方の埋葬姿勢の変化（星印が事例1つを示す）

に菱環鈕式の製作が始まり、外縁付鈕式、扁平鈕式、突線鈕式と型式変化を遂げながら後期まで存続した。従来は、これら新古の銅鐸すべてが前方後円墳出現直前の弥生終末期に一斉に埋納されたとする理解が有力であったが、近年の知見をふまえるとこの点は再検討を要する。

同じ地点から複数の銅鐸が出土した事例は確実なものだけで三七ヶ所あり、合計一五九個の出土を数えることができる（表1）。これらについて、銅鐸の型式との関係をみるとすでに指摘されているとおり、扁平鈕式以前のものと突線鈕2式以降のものとの共伴例が皆無であることが注意される。つまり、古い

**表1**　複数出土銅鐸の型式組み合わせ

| 銅鐸型式／遺跡名 | 菱環鈕 | 外縁付鈕 | 扁平鈕 | 突線鈕 | | | | |
|---|---|---|---|---|---|---|---|---|
| | | | | 1 | 2 | 3 | 4 | 5 |
| 島根・荒神谷 | 1 | 5 | | | | | | |
| 福井・井向 | 1 | 1 | | | | | | |
| 兵庫・気比 | | 4 | | | | | | |
| 兵庫・中山 | | 2 | | | | | | |
| 京都・梅ケ畑 | | 4 | | | | | | |
| 島根・加茂岩倉 | | 30 | 9 | | | | | |
| 島根・志谷奥 | | 1 | 1 | | | | | |
| 兵庫・野々間 | | 1 | 1 | | | | | |
| 兵庫・桜ヶ丘 | | 4 | 10 | | | | | |
| 大阪・流木 | | 1 | 1 | | | | | |
| 奈良・秋篠 | | 1 | 2 | | | | | |
| 島根・城山 | | | 2 | | | | | |
| 岡山・百枝月 | | | 2 | | | | | |
| 徳島・長者ケ原 | | | 2 | | | | | |
| 徳島・椿町曲り | | | 2 | | | | | |
| 徳島・星河内 | | | 7 | | | | | |
| 徳島・安都真 | | | 4 | | | | | |
| 大阪・大和田 | | | 3 | | | | | |
| 大阪・四条畷 | | | 2 | | | | | |
| 和歌山・新堂 | | | 2 | | | | | |
| 和歌山・亀山 | | | 3 | | | | | |
| 近江・山面 | | | 2 | | | | | |
| 岐阜・上呂 | | | 2 | | | | | |
| 愛知・二ノ宮山 | | | 2 | | | | | |
| 島根・中野 | | | 1 | 1 | | | | |
| 徳島・源田 | | | 2 | 1 | | | | |
| 近江・大岩山B | | | | 3 | 3 | 4 | | |
| 高知・韮生野 | | | | | | 2 | | |
| 京都・下安久 | | | | | | 2 | | |
| 静岡・釣荒神山 | | | | | | 2 | | |
| 静岡・船渡 | | | | | | 2 | | |
| 静岡・敷地 | | | | | | 2 | | |
| 静岡・木船 | | | | | | 2 | | |
| 和歌山・荊木 | | | | | | 1 | 1 | |
| 愛知・伊奈 | | | | | | 1 | 2 | |
| 近江・大岩山A | | | | | | 9 | | 1 |
| 静岡・白須賀 | | | | | | | | 2 |

（19）埋葬姿勢を保って出土した人骨の、大腿骨と脛骨（けいこつ）・腓骨（ひこつ）がなす角度。

銅鐸は古いものどうし、新しい銅鐸は新しいものどうしで埋められており、両者が混じり合うことがないのである。

このことは扁平鈕式以前の古い銅鐸が埋納される時期と、新しい突線鈕式銅鐸が埋納される時期が大きく隔たっていたことを示唆している。そして、少ない情報からではあるが、古い銅鐸の埋納が集中的に行われた時期がまさに、弥生型社会が大きく変化した中期末から後期初頭にあたっていることが確かめられるのである。

環濠集落や拠点集落の衰退が示すように、銅鐸祭祀の実行主体である共同体結合が崩壊するという事態にいたっては、そのまとまりを保持する機能を担ってきた銅鐸の響きももはや無意味である。こうして、共同体の存続と繁栄を願う農耕祭祀の場で、世代をこえて用いられてきた銅鐸は歴史的役割を終え、丁重に地中に遺棄された。

中期までに成立した弥生型社会の幕引きともいえる銅鐸埋納を主宰したのは、旧い共同体としては最後の、しかし広域鉄器流通網の一翼を担う新しい姿をもった首長であろう。埋納の手法に地域をこえた共通性がみられるのは、首長層のあいだに形成されつつあった連合関係のなかで情報が共有されたためと考えればよい。こうして銅鐸を捨て去った弥生社会はあらたな時代に突入するのである。

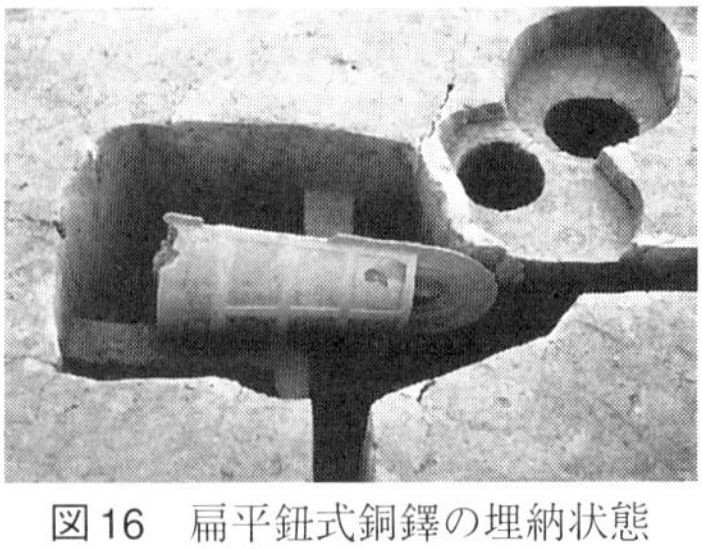

図16　扁平鈕式銅鐸の埋納状態（徳島市名東遺跡）

# 第三章　地域間関係の変化と倭国乱

## 一　瀬戸内ルートの活性化と閉塞

前章でも述べたように、弥生後期までの鉄器は、出土量、製作技術ともに北部九州地域のほうが卓越している。原料や加工技術が大陸に由来することを考えると、当然ながら大陸に近く、対外交渉のノウハウをいちはやく獲得していた北部九州地域が、その入手に関してきわめて有利な立場にあったことは疑いない。

しかし、大陸交渉の門戸としての地位を確立した北部九州地域は、東方への物資流通にはあまり熱心ではなかったようだ。大陸製であることがあきらかな銅鏡でいえば、すでに中期後葉には福岡県須玖岡本《すぐおかもと》遺跡や三雲南小路《みくもみなみしょうじ》遺跡で数十面の前漢鏡を副葬する有力首長墓が存在しているにもかかわらず、北部九州を経由して瀬戸内以東に流入したと考えられる前漢鏡はごくわずかしかない。中期段階におけるなかば閉鎖的ともいえる北部九州経由の流通が、当初からなんらかの戦略的意図のもとにコントロールされていたのか否かは定かでない。

その後、弥生中期末から後期初頭頃には、瀬戸内海を介した東西交流が一時的に大きく進展した時期があった。瀬戸内以東の遺跡において、一世紀前半の中国貨幣である貨泉がしばしば出土することも関連する現象であろう。おそらく北部九州を経由した大陸の鉄素材や後漢初期の銅鏡も、このルートで一定量は東へもたらされたにちがいない[1]。

しかし、後期の中頃になると瀬戸内の文物の動きはふたたび低調になる。当然ながら、北部九州経由で瀬戸内ルートに流れ出る大陸物資の量も減少した。石器から鉄器への素材転換が列島の広い地域で進行するなかで、実用品でない青銅器はともかく、必需品となりつつあった鉄素材の場合は、増える需要に応える供給がなければ、瀬戸内以東の社会におよぼす影響は深刻といわざるをえない。

筆者は、中期末から後期初頭にかけて活発化した瀬戸内の東西交易を通じて、北部九州の有力首長たちは、東方への物資流通を左右できるみずからの有利な立場を強く認識したのではなかろうか、と推定する。後期中葉以降の瀬戸内ルートの閉鎖性が、東方社会への影響力の行使に目覚めた北部九州勢力[2]による意

（1）福岡県志賀島でみつかった「漢委奴国王（かんのわのなのこくおう）」の金印が、『後漢書』に記す建武中元（けんむちゅうげん）二（五七）年の朝貢時に光武帝から奴国に与えられたものであることは確実なので、弥生後期初頭段階における北部九州勢力と漢王朝との間の太いパイプを知ることができる。

（2）弥生時代には、拠点集落を核とする共同体が小河川の流域ごとに存在していた。共同体間には、交易や水資源の管理などを通じて日常的な交流がうまれ、やがて地域内部の利害調整や他地域の集団との交渉などを契機として、有力な共同体首長を中心とした地域の首長連合が形成されていく。北部九州地域では、弥生中期には多量の副葬品を持つ首長墓がいちはやくあらわれることから、その形成がもっとも早く進展したと考えられる。一つの地域首長連合の範囲は、考古資料の上ではかならずしも明瞭でない場合があり、本書ではやや曖昧であるが、「勢力」という言葉をこれに準じて使用することがある。

図的なコントロールであったとしたら、瀬戸内以東の社会にとっては憂慮すべき事態である。共同体の存続とみずからの威信のために、いまや必需物資となった鉄素材の安定的入手を願う東方社会の首長層が、細る瀬戸内ルートにかわって望みを託したのは日本海まわりの物流ルートであったと考えられる。

## 二　丹後地域の繁栄

一九九〇年代以降の発掘調査の進展によって、西日本の弥生時代後期の勢力地図は大きくかわってきた。山陰から北近畿にかけての日本海地域において、目を見張るような繁栄のようすが明らかになりはじめたのである。キーワードはやはり鉄だ。

典型例は京都府北部の丹後地域である。すでに弥生前期末〜中期初頭の京丹後市扇谷《おうぎだに》遺跡から舶載品《はくさい》の鋳造鉄斧が出土するなど、この地域に大陸の文物がはやくから流入したことは認められてはいた。しかし、近年の調査成果は予想をこえた驚きの連続であった。

前章でも紹介したように京丹後市奈具岡遺跡からは、中期後葉の鉄器としては北部九州も含めて列島屈指の量とな

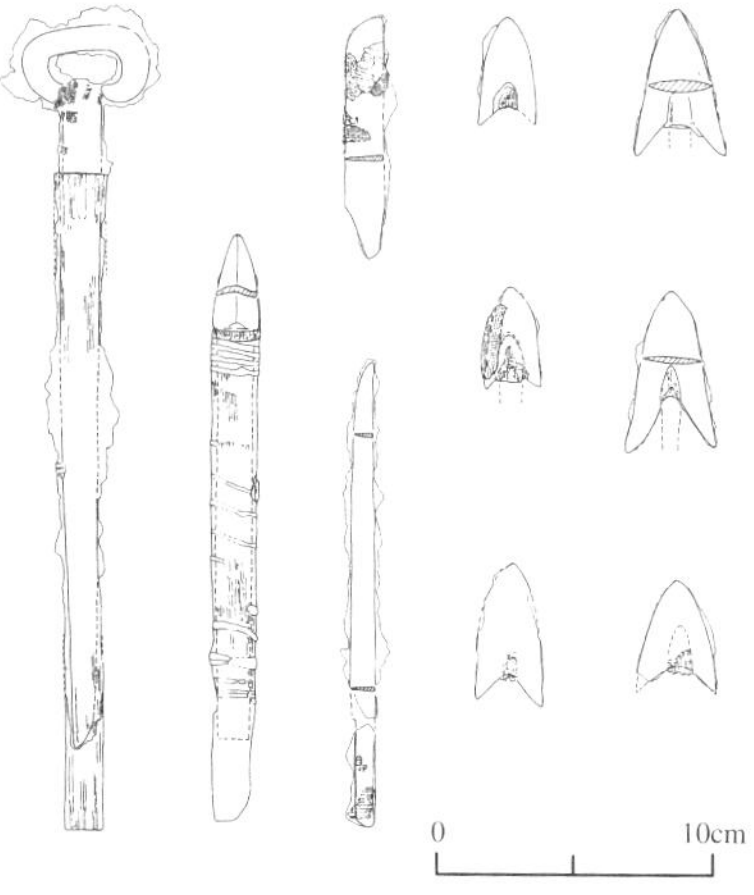


図17　三坂神社3号墓の副葬鉄器
(左から素環刀，鉇，刀子，鏃)

る八kg以上の鉄器や鉄素材片が出土し、この地域の鉄素材の入手力に対する認識をあらたにした。後期初頭から前葉にかけては、墳墓への鉄器副葬が目立つようになり、京都府京丹後市三坂《みさか》神社三号墓や左坂二六号墓には、弥生後期としては全国でも一〇点あまりしかみつかっていない素環頭鉄刀が副葬されていた。大陸製品とみてよかろう。後期後葉では京都府与謝野町大風呂南《おおぶろみなみ》一号墓が傑出している。長辺二七m、短辺一八mの台状墓の中心埋葬には、弥生時代としては最多の鉄剣一一、有鉤銅釧《ゆうこうどうくしろ》一三、ガラス釧一、ガラス勾玉六などをはじめとして、バラエティーに富んだ多数の副葬品が添えられていた。

広い平野に恵まれず農業生産力は決して豊かではない丹後地域が、後期にこれほどの力を蓄えた原動力は、天然の良港と荒波をこえる航海術を武器にして、鉄素材を中心とする大陸物資の流通拠点として台頭したことに求めるのがもっとも妥当だ。豊かな副葬品をもつ大形墳墓は、そうした活動に深くかかわった有力首長の墓とみて間違いない。

鉄素材の供給先を考える場合に、弥生後期の畿内地域、伊

図18　大風呂南1号墓の中心埋葬と副葬鉄剣（2号墓のものも含む）

勢湾地域で製作されたと推定される巨大な突線鈕式銅鐸[3]が、ともにはるばるこの地域にもたらされていることは重要な意味をもつ。次章で詳しく述べるように、突線鈕式銅鐸はもはや単なる農耕儀礼の祭器ではなく、畿内や東海の首長層がそれぞれの首長連合のシンボルとして採用した政治性を帯びた器物であった。分布の中心からはるかに離れた飛び地的な銅鐸の存在は、日本海まわりの鉄の供給に大きく依存した畿内、東海両地域の首長層からの、交易維持の願いを込めた働きかけを物語っているのである。丹後地域の隆盛は、急速にすすむ倭人社会の鉄器化の波に後押しされていた。

## 三　生命線としての南北ルート

弥生後期の日本海地域の繁栄を示す遺跡はこれだけではない。

鳥取県東部の因幡地域では、一九九八年から調査の始まった鳥取市青谷上寺《あおやかみじ》地《ち》遺跡において、弥生後期後半から古墳時代初頭の溝内や包含層の中から、じつに二五〇点にのぼる鉄器類が出土している。鉄斧《てっぷ》、鉇《やりがんな》、鑿《のみ》、鏃など種類も多く、斧のなかには大陸製の鋳造品も少なくない。前面に日本海、背後に山塊を背負った遺跡周辺の狭い平野部で必要とされる量をはるかにしのいでおり、海岸沿いにかつて形成されていたラグーン（潟）を利用した海上交易の物資集散

（3）弥生後期の銅鐸には、畿内地域で製作されたと考えられる近畿式と東海西部で製作されたと考えられる三遠式がある。丹後では舞鶴市匂ヶ崎（にょうがさき）遺跡で近畿式と三遠式が、与謝野町比丘尼城（びくにじょう）遺跡で近畿式が出土している。

図19
青谷上寺地遺跡の突線鈕式銅鐸片

地という性格が推定される。この上寺地遺跡からも破片ではあるが畿内で製作された突線鈕式銅鐸が出土していることは示唆的だ。

鳥取県西部の伯耆《ほうき》地域では、やはり二〇〇点をこえる鉄器を出土した米子市と大山町にまたがる妻木晩田《むきばんだ》遺跡が特筆される。さらに西方の出雲では島根県宍道町上野Ⅱ遺跡において、一九九九年の調査で板状の鉄素材をはじめ、四〇点以上の鉄器が出土した。東に目を向けると、福井県福井市林・藤島遺跡では、同じく九九年の調査で大量の鉄器が出土している。これらの成果は、弥生後期後半頃には日本海地域に相当量の鉄素材が流入したことを示しており、一遺跡への集中量では瀬戸内地域でのあり方を上回っているとさえいえるのである。

日本海地域の鉄器は、袋状鉄斧や鋤先（または鍬先）などに製品として北部九州からもたらされたと考えられるものもあるが、全体的には地元でつくられたものが多い。また大陸からの舶載品が目につくことも大きな特徴である[4]。

大陸の鉄器や鉄素材の多くが、北部九州を経由して流入したと考える必要もあるまい。北部九州からこれだけ多量の大陸物資がもたらされたとしたら当然含まれてよい後漢代の銅鏡が、日本海地域にきわめて少ないことはその証左ともいえる。むしろ大陸側でも銅鏡があまり流行しない朝鮮半島南部地域などとの直接交渉によって、日本海地域の有力集団が独自に鉄素材を入手したというのが実情ではあるまいか。

（4）村上恭通『倭人と鉄の考古学』青木書店、一九九八年。

こうした動きが可能になった背景としては、後漢王朝の弱体化にともない朝鮮半島への政治的圧力が低下するなかで、鉄資源に恵まれた半島南部勢力がみずから積極的に供給先を開拓していったという東アジア世界の事情にも注意しておく必要があろう。

いずれにせよ、北部九州の有力首長層による瀬戸内ルートの管理が強まる弥生後期において、東方の社会は日本海まわりの物資流通に活路を見いだそうとした。出雲から吉備へ、因幡から播磨へ、丹後から畿内・東海へという南北のルートが、この時期に瀬戸内以東の集団の生命線として以前にもまして重要な役割を果たすことになったのである。

## 四　倭国乱る

しかし不思議なことに、弥生後期～終末期段階にこれほど繁栄し、畿内勢力にとっても大切なパートナーになった西日本の日本海地域に、つづく古墳時代初頭

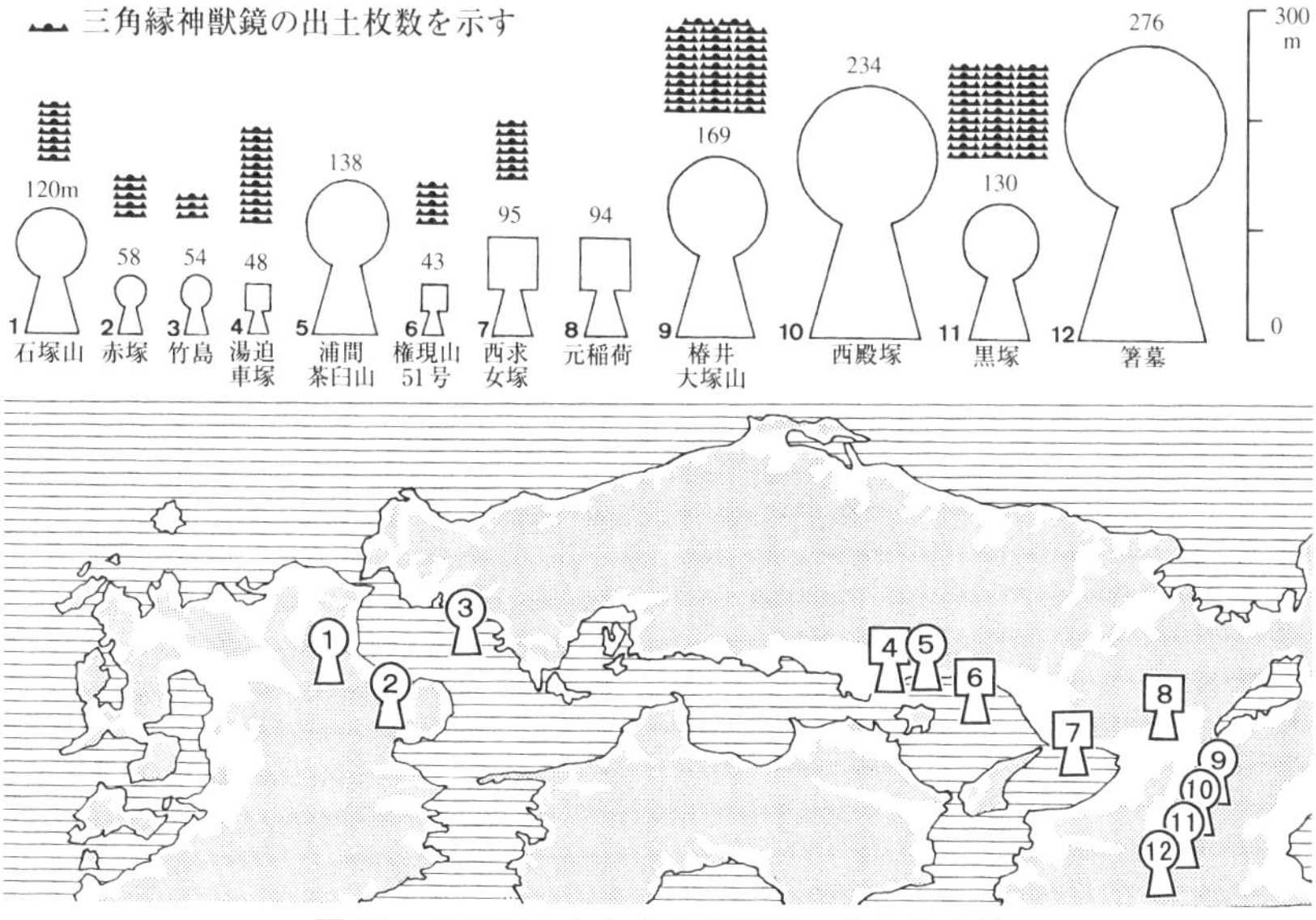


図20　最初期の有力前方後円墳・前方後方墳

の有力な前方後円墳や前方後方墳がほとんどみあたらないのである。上述した遺跡の多くも、古墳時代になると大陸物資流通拠点としての求心力を失っていった。逆に、終末期段階に流入した中国製画文帯神獣鏡は畿内地域を中心に瀬戸内沿岸に分布するようになり、最古段階の有力古墳は豊前、周防、吉備、播磨、摂津といった瀬戸内北岸に連なるように築造された。

このような資料の状況から筆者は、終末期段階を境にして、瀬戸内ルートの物流が回復し、首長間関係の強化が進むいっぽうで、日本海ルートの相対的な役割低下にともなって地域勢力が後退していったようすを読みとりたいのである。

この局面の変化が、西暦二〇〇年前後の弥生時代終末期から進展したことが認められるなら、その有力な原因として中国史書に登場するいわゆる倭国乱《わこくらん》を想定することも可能だ。『魏志』倭人伝には、「卑弥呼共立」の前段階に倭国が乱れ、抗争状態が何年も続いたことを記し、後に成立した『後漢書』倭伝はその年代を桓帝・霊帝の間（一四七〜一八九年）のこととする。軍事的性格を帯びた高地性集

図21
弥生後期後半の高地性集落
（京都府長岡京市谷山遺跡）

落が盛行する時期にもあたる弥生後期後半頃の状況を伝えた記述と理解してもよかろう。[5]

倭国乱の性格については、鉄素材をはじめとする大陸物資の獲得をめぐる北部九州勢力と瀬戸内・畿内以東の勢力の主導権争いであったとする解釈があるいっぽうで、乱後の弥生終末期に出土する鉄器の量が依然として北部九州で卓越していることから、鉄の争奪を主因とみない立場もあり、議論は分かれている。しかし、はるか東北南部社会までの道具の鉄器化が、終末期にはほぼ達成されることや、鉄器を副葬する墳墓の数が一気に増加することを勘案すれば、この時期に東方社会に流れ込む鉄の量が急増したことを否定するのは難しい。上述した日本海地域の盛衰も考慮に入れるなら、やはり前者の説明のほうが説得力があるように思われる。

抗争が熾烈な戦いとなったのか、軍事的圧力のもとに一定の合意がえられて終息したのかは、定かではない。しかし、これ以後大陸物資東伝のメインルートがふたたび瀬戸内にシフトし、その内海ルートの東の終点である畿内地域に首長のあらたなシンボルとなる神獣鏡が集積されてくることを考えると、畿内勢力に優位な形で決着をみた可能性は高い。

弥生の関ヶ原ともいうべきこの抗争の帰趨を決した主因は、鉄器化の進展によって瀬戸内・畿内以東の諸集団の鉄資源獲得に関する利害が広く一致したこ

（5）水稲農耕に不適な丘陵上や山頂部に短期間営まれる集落。弥生中期後葉と後期後葉の時期にとくに日立つ。立地を生かした通信、監視機能や戦乱時の逃げ城的機能を持った集落が含まれていると考えられ、社会の緊張状態を反映するものとみる考えが有力である。

とにあるだろう。キャスティングボートを握った吉備勢力が畿内勢力との連携に踏み出したことも大きかった[6]。

二世紀後葉の倭国乱は、従来の地域紛争とは異なって、九州から東北南部にいたる倭人社会全体の利害をめぐって争われた最初の争乱といえる。後期後半から終末期の高地性集落が争乱の中心から遠く離れた北陸東部や関東にまでおよんでいることは、集団をリードする首長の活動がもはや狭い共同体のなかだけで完結するものではなくなったことを物語っている。こうして対外関係に目覚めた列島の首長層たちは、やがて広範囲の政治的連合形成へと歴史のコマを進めていくのである。

(6) 吉備の特殊器台から発展した円筒埴輪が古墳に採用されることは、その前段階の倭国乱のなかで吉備勢力のはたした役割が大きかったことを示唆している。

# 第四章　原邪馬台国勢力の形成

## 一　「見る銅鐸」の登場

話をふたたび弥生後期の大阪湾岸地域にもどすことにしよう。弥生型社会の変質にともなって扁平鈕式までの銅鐸が地上からいったん姿を消した後、大阪湾岸地域や東海西部地域では後期になるとふたたび装いをあらたにした銅鐸が登場する。

後期の銅鐸は鈕の部分を太い突線で飾ることから突線鈕式銅鐸と呼ばれ、文様構成の特徴から突線鈕1式～5式に細分されている。さらに、突線鈕1式と2式の間にみられる鐸身の大型化、分布傾向の違い、揺り鳴らした使用痕跡の有無などの相違点に着目して、突線鈕1式以前を「聞く銅鐸」、2式以後を「見る銅鐸」と呼んで区別することもある。[1] 新旧の銅鐸がもつ本質的な性格の

(1) 田中琢「まつりからまつりごとへ」『古代の日本』五　角川書店、一九七〇年。

違いを見抜いた的確なネーミングといえよう。

突線鈕式銅鐸の製作時期に関する確実な情報がほとんどないなかで、一九九二年に徳島市矢野《やの》遺跡から発掘調査によって出土した銅鐸の存在は貴重だ。矢野銅鐸は突線鈕5式（厳密には突線鈕5Ｉ式）に属する高さ九七・八cm、重さ一七・五kgの大型品で、遺跡の集落域内に土坑を掘って埋納されていた。菅原康夫らの報告によると、集落じたいが後期後半に営まれたものであり、さらに埋納坑の中からも同時期の土器片がみつかっていることから、この頃に銅鐸が埋納されたと考えるのがもっとも妥当だろう。

この事例は銅鐸生産のほぼ最終段階が後期後半頃を下限とすることを示す有力な根拠である。いっぽう、突線鈕式でももっとも古い1式の時期については、島根県邑南町中野《なかの》と、徳島市源田《げんだ》で扁平鈕式銅鐸との共伴が見られることから、後期初頭頃に求められる可能性が高い。後期の暦年代は、前述したように一世紀前半から約一五〇年間程度にあてることができるので、それがまた、「見る銅鐸」がつくられた年代にほぼ相当すると考えてよい。

「見る銅鐸」の分布は前段階の「聞く銅鐸」とはかなり異なる。「聞く銅鐸」と比較して出雲、伯耆、越前などの山陰や北陸西部地域、吉備、讃岐などの中

図22　矢野遺跡の銅鐸埋納状態

部瀬戸内地域のように激減する地域があるいっぽうで、伊勢湾沿岸東部のように急増する地域も認められる。また、阿波、土佐、紀伊、丹後には「聞く銅鐸」に引き続き一定量の分布がみられる。近畿中部は、「見る銅鐸」の減少する地域ととらえられやすいが、大阪府豊中市利倉《とくら》、八尾市亀井《かめい》、和泉市池上曽根《いけがみそね》、奈良県桜井市纏向《まきむく》、滋賀県守山市下長《しもなが》などのように、低地遺跡から「見る銅鐸」の破片が出土する例が増えている。これを考慮に入れると、埋納か破砕かという最終の処置法は違っていたとしても、本来かなりの数量の分布があったとみるべきである。つまり、後期の銅鐸は近畿、東海という本州中西部を中心としてまとまった分布圏を形成していたと理解することができよう。

## 二　地域首長連合のシンボル

弥生中期までに東海以西の広い範囲で使用されてきた「聞く銅鐸」が、共同体の維持と繁栄を祈念する農耕儀礼で用いられた祭器であったことは、広く認められている。いくつかの銅鐸に鋳出されている農耕や狩猟の生活場面、穀霊を運ぶと考えられる鳥などの意匠は、とくに農耕祭祀との関連を示唆しており、内面突帯の著しい摩耗は、儀礼のなかで銅鐸が激しく揺り鳴らされる場面があったことをうかがわせる。

ところが、「見る銅鐸」になると、具体的な意匠の描出や鳴らした痕跡は激減してしまう。使用方法や役割は大きく変質したようだ。銅鐸を農耕祭祀と関連づける根拠ともなっていた諸要素の欠落は、再登場した「見る銅鐸」が従来のような共同体の農耕祭器ではなくなったことを意味している。

では、その新しい役割とはなにか。結論からいえば、「見る銅鐸」は弥生後期に形成が進んだ地域首長連合[2]のシンボルとして畿内地域、東海地域の首長層がそれぞれ採用したものであった、ということになる。

中期末に弥生型の共同体的結合が崩壊した後、地縁的、政治的原理を含みながらあらたに再編された集団において、首長層は相互の連携関係を構築していった。後期になると北部九州、山陰、中部瀬戸内、畿内、東海といった地域単位でそれぞれ特色のある土器様式や首長層の墳墓形式が生まれることからみて、まずこれら地域内部の首長間においてもっとも緊密な連合関係が形成されたと考えられる。

この動きの背景には、石でつくられていた農工具や武器などの鉄器化が歩みを速めるなかで、集団の存続のためには、従来の日常的交易圏をこえる遠隔地から鉄素材、鉄製品を手に入れなくてはならないという事情がまずある。そして、その広域物資流通を円滑に機能させるには、個々の集団ではなく、利害を共有するまとまった地域勢力を形成して状況に対処するほうが、経済的にも政

（2）ここでいう地域首長連合とは、鉄を中心とする遠距離交易の利害を共有する一定地域の首長間に形成された首長同盟とほぼ同じ意味である。

治的にも効果のあることは容易に判断できる。さらに一般成員に対する首長の階層的優位性を維持するためにも、一定地域の首長どうしの連携は重要な戦略となったであろう。

学校には校章が、会社には社員バッジが、国には国旗があるように、現代においてもたがいが仲間と認め合えるシンボルを共有する意味は失われていない。農耕儀礼はもとより、首長層の婚姻儀礼、首長間の交渉や饗応などの場において、重要な舞台装置の一角を占めていた巨大な銅鐸を目にすることにより、人々は自分の属する集団の政治的立場と連携相手を理解し、それを主導するわが首長の偉大さを認識したのではなかろうか。

列島を広く見渡せば、首長連合のシンボルはなにも銅鐸ばかりではない。「聞く銅鐸」にくらべて「見る銅鐸」が激減した山陰地域では四隅突出型墳墓《よすみとっしゅつがたふんぼ》という独自の葬制が、中部瀬戸内地域では岡山県倉敷市楯築《たてつき》墳墓のような円丘に突出部をつけた墳丘墓や特製の葬送儀礼用土器が、さらに北部九州では広形銅矛《ひろがたどうほこ》が同じように地域のシンボルとしての役割を果たしたと考えられる。

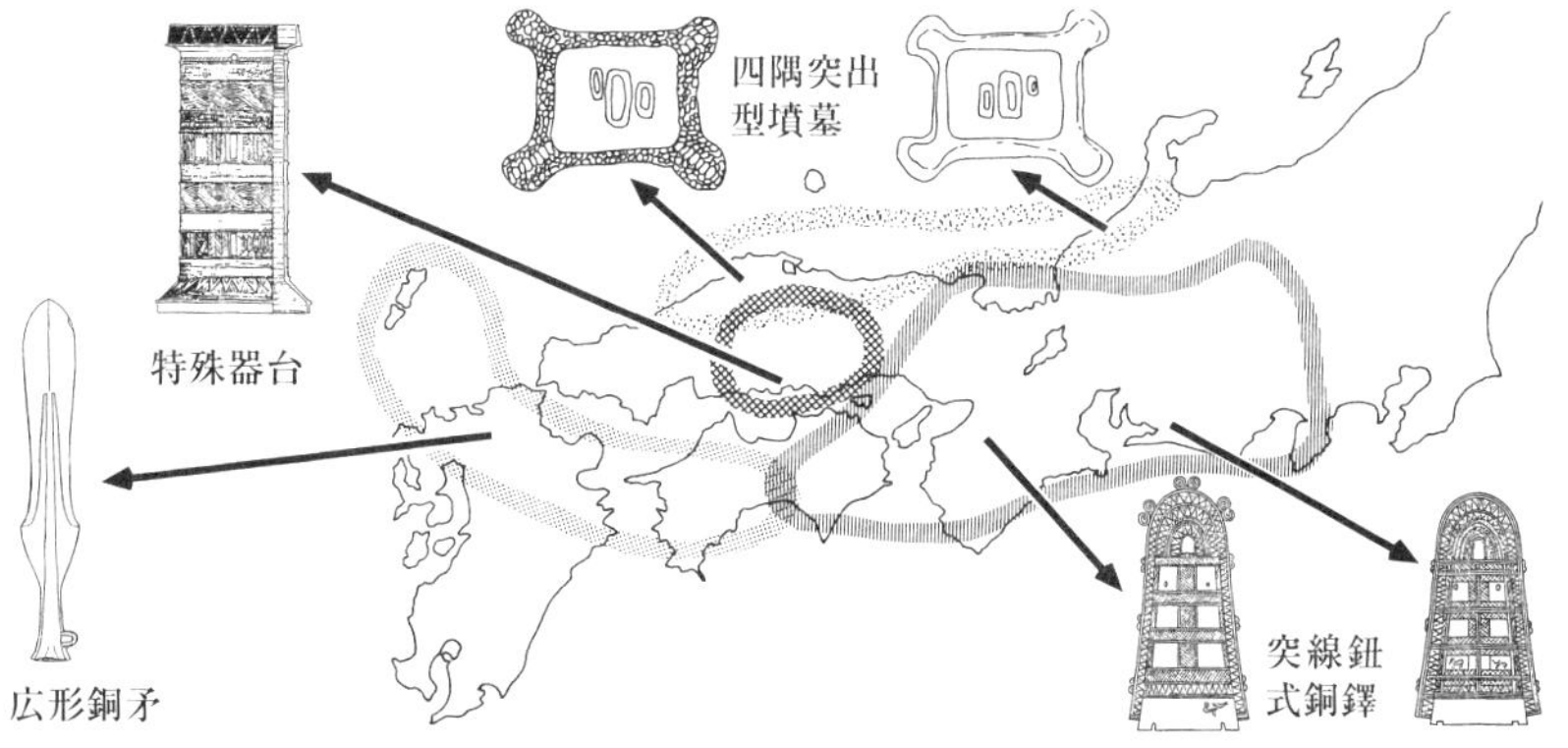

図23　地域首長連合のシンボル

## 三　分布を読む

「見る銅鐸」は、近畿式と三遠式《さんえんしき》がそれぞれ近畿中部と東海西部を中心とする分布圏を形成している。[3] 近畿式銅鐸が畿内中心部よりもむしろ周縁部に多いという傾向に注目する研究者は、「見る銅鐸」の埋納について、外部からの脅威や邪悪から「畿内社会」を守護する境界祭祀ととらえ、その背景に九州、吉備、東海などの諸勢力との対立状況を想定する。[4] 筆者は、畿内中心部にも本来はかなりの数の「見る銅鐸」が存在していたと考えており、周縁部の分布だけがとくに顕著とはみない。とはいえ、後に前期古墳がまったく築造されないような周縁部にもかなりの数の「見る銅鐸」が存在しているのは事実である。これをどのように理解したらよいだろうか。

筆者は、近江、紀伊、阿波、土佐、播磨西部、但馬、丹後などに分布する近畿式の「見る銅鐸」は、畿内地域をとりまく周囲の集団に対する政策的意図をこめた贈物と考える。

政策的意図の第一はやはり必需品としての価値を急速に高めつつあった鉄資源の入手に関するものであろう。後期に形成された地域首長連合は、他地域の同じような首長連合と結びつきをもつことによって、遠方からの物資や情報の

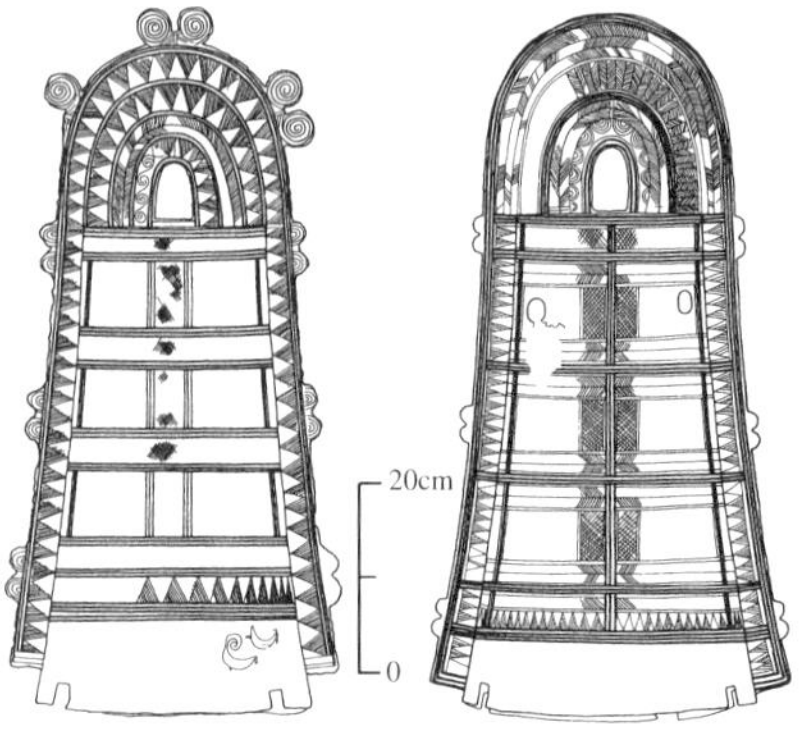


図24　近畿式銅鐸（左）と三遠式銅鐸（右）

（3）「見る銅鐸」がそれぞれ畿内製、東海製と推定される近畿式と三遠式とに分けられることから、両地域間の対立関係を読みとる立場は有力である。しかし、近畿式と三遠式は、むしろ類似した型式変化の過程をたどる姉妹品といっても過言ではない。筆者は弥生後期の段階では畿内、東海両地域の首長層が連携関係にあったと推定する。

（4）春成秀爾「銅鐸の時代」『国立歴史民俗博物館研究報告』第一集、一九八二年。

入手を可能にしたと考えられる。こうした広域流通においては、各地域圏が接する境界部分が要衝となりうる。とりわけ、後期の畿内集団が大陸の鉄資源に依存する際には、瀬戸内や日本海の地域勢力との接点を良好な関係に保つことが、恒常的な入手を確保するための条件ともなろう。その好例は前章でもとりあげた日本海地域の「見る銅鐸」である。

政策的意図の第二は、畿内地域社会の安全保障のための連携である。「見る銅鐸」の巨大化傾向がひときわ顕著になる突線鈕3式～5式の段階は、先に示した銅鐸製作年代の理解が正しいとすると、まさに倭国が大いに乱れたと中国史書が記す二世紀後半にあたる。抗争の主因については前章で述べたように、鉄素材をはじめとする外来物資の獲得をめぐる北部九州勢力と瀬戸内以東勢力の主導権争いにあったと理解している。畿内・東海の「見る銅鐸」と北部九州の広形銅矛がともに後期後半に向かって巨大化することは、それぞれの地域シンボルを立てて対峙した両地域の対抗心の表れではなかったかと推測する。

こうした緊張関係のなかで実際にどれほどの戦乱状況が生じたのかは考古学的には定かではないが、畿内の首長連合にとって脅威は西からやってくるはずであった。瀬戸内勢力との連携を固めたいま、残った戦略上の要注意地域は太平洋ルートで攻め込まれた際の、四国南岸および紀伊水道であったと考えられる。

それはありえないことではない。近年、高知県南国市田村《たむら》遺跡で続々と発見

図25 「見る銅鐸」の分布

されている北部九州製の中広形銅矛《なかひろがたどうほこ》や広形銅矛の存在は四国南岸地域と北部九州との関係の深さを示しているし、和歌山県南部の御坊市堅田《かただ》遺跡で確認された前期の環濠集落や青銅器鋳型は太平洋沿岸ルートを西から東へ向かう文化の流れがはやい時期から存在していたことを示唆している。争乱の時代に土佐東部から紀伊南部、阿波にかけてもたらされた「見る銅鐸」は、こうした要衝地域との安全保障上の連携を示す存在と理解することもできるのである。

## 四　「見る銅鐸」の製作工人

銅鐸といえば、神戸市桜ヶ丘《さくらがおか》遺跡や島根県雲南市加茂岩倉《かもいわくら》遺跡で出土したいろいろな絵画銅鐸を思い出すまでもなく、それぞれが個性的な存在である。石製鋳型の出土地も一五遺跡にのぼり、北部九州から北陸西部の広い範囲にまたがっている。流派の異なる複数の工人集団が西日本各地で製作にあたっていたと理解できるのである。

しかし、こうしたあり方は基本的には「聞く銅鐸」の段階のものである。「見る銅鐸」になると、全体のプロポーションは側辺や身の反りが少なく鐸身横断面の円弧が深いものへと統一され、デザインは

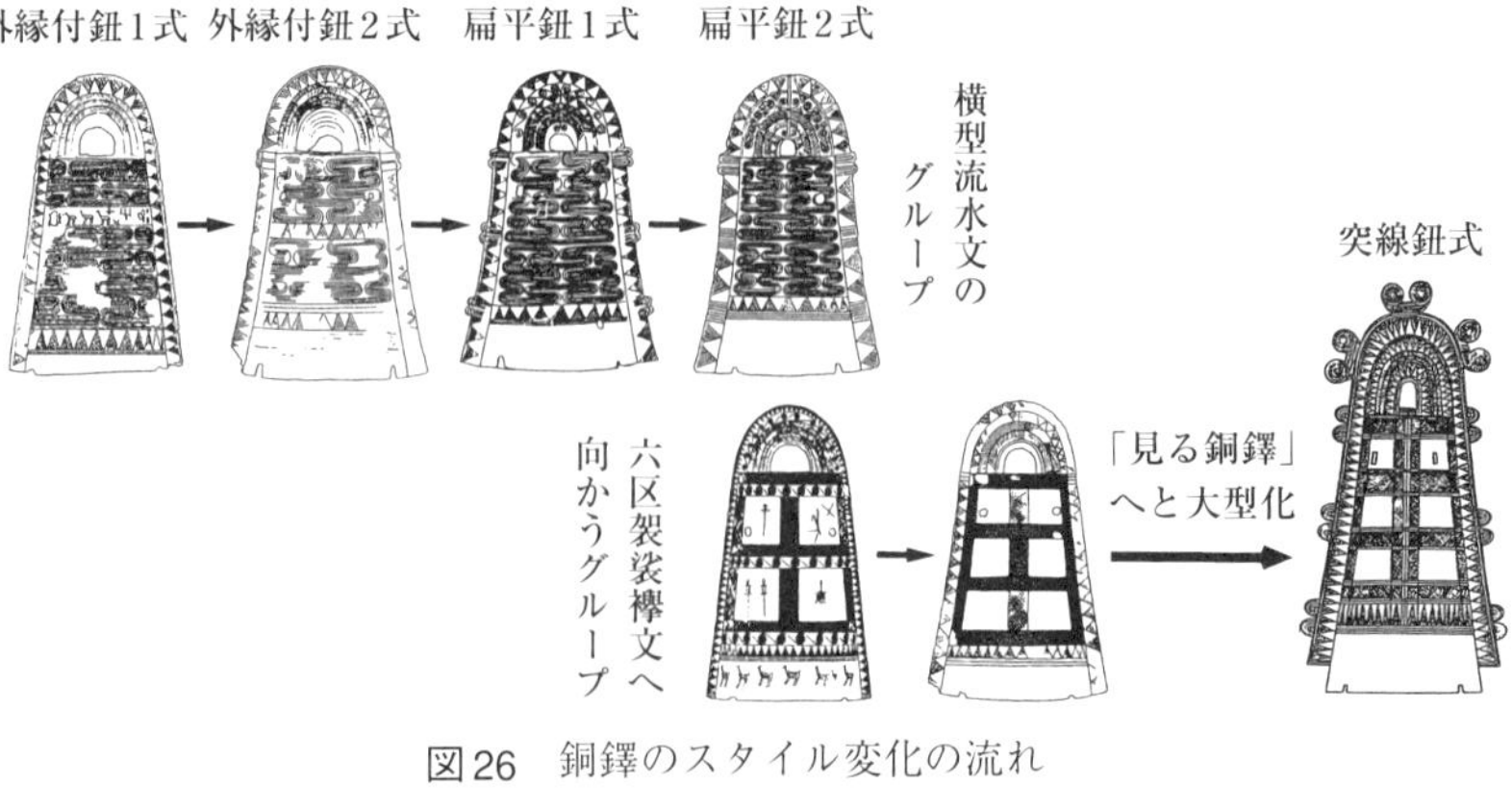


図26　銅鐸のスタイル変化の流れ

六区《ろっく》袈裟《けさ》襷文《だすきもん》と呼ばれるものが圧倒的多数になる。鈕の装飾文様や飾耳の強調といった要素も共通しており、全体として個体間の偏差は小さい。規格的ともいえる「見る銅鐸」を製作した工人集団はかなり限られるようだ。

突線鈕式銅鐸が生まれてくる経緯は興味深い。突線鈕式銅鐸はこれに先行する扁平鈕式段階までの型式やデザインの変化を一貫してリードしてきた横型《よこがた》流水文《りゅうすいもん》銅鐸《どうたく》のグループから生みだされたものではなく、扁平鈕式の新しい段階で突如登場する限られた一群の銅鐸に始まる特徴を受け継いでいるのである。[5]

その一群とは六区袈裟襷文を用いるグループで、精緻な文様の割付、均一な厚み、均整のとれた形態などの点で、それ以前にないきわめて精巧なつくりを達成している。従来からの工人の技量が進歩したというより、この扁平鈕式の最終段階で新しい技術をもった工人群が畿内地域のどこかに登場したと解釈するほうが理解しやすい。ほぼ同時期に銅鐸鋳型が石製から土製へと転換することもこれと関連する現象ではないか。北部九州の青銅器工人がその後も石製鋳型にこだわり続けることとは対照的であり、中期後葉の段階で土製鋳型を用いる大陸系の工人が畿内に流入した可能性をうかがわせる。

このように突線鈕式銅鐸の創出にあたっては、従来の工人群の多くがいったん淘汰され、残ったごく一部の新来の工人のみが、その後いわば独占的に「見る銅鐸」の製作を担っていったという注目すべき状況が生じていたのである。

（5）難波洋三「近年の銅鐸研究の動向」『銅鐸と邪馬台国』サンライズ出版、一九九九年。

さらに、「見る銅鐸」に少量含まれる鉛の同位体比《どういたいひ》がきわめて類似した値を示すことも無視できない(6)。これらの銅鐸が各所にあったさまざまな青銅器を適当に鋳つぶして製作されたのではなく、同一の鉱床から得られた一様な原料を入手できるような管理された工房の作であった可能性を示唆するからである。

(6) 鉛には質量数二〇四、二〇六、二〇七、二〇八の四種類の安定同位体があり、鉱山によってその比率が異なっている。青銅器に含まれている鉛の同位体比を比較することによって、原料の産出地を推定できる。馬淵久夫・平尾良光「鉛同位体比からみた銅鐸の原料」『考古学雑誌』六八―一、一九八二年。

## 五　畿内中心勢力の萌芽

限られた工人によって限られた工房でつくられた規格性の高い銅鐸の一群が、近畿式の場合は畿内を中心に、ある政策的意図の読みとれるようなあり方で分布している。しかも、その製作には大陸産の可能性が高い潤沢な原料と、現代の技術をもってしても再現の容易でない高度な鋳造技術が求められるのである。このことは、こうした銅鐸生産と流通を管理できるひときわ有力な中心的勢力が畿内の中にすでに登場しつつあったことを示唆している。時期的には一世紀後半から二世紀のことである。三世紀の邪馬台国に結実していく勢力とみてもなんら不思議はない。もちろん、三遠式の「見る銅鐸」が製作されたと考えられる東海西部にも、同じような中心的勢力が生まれていた

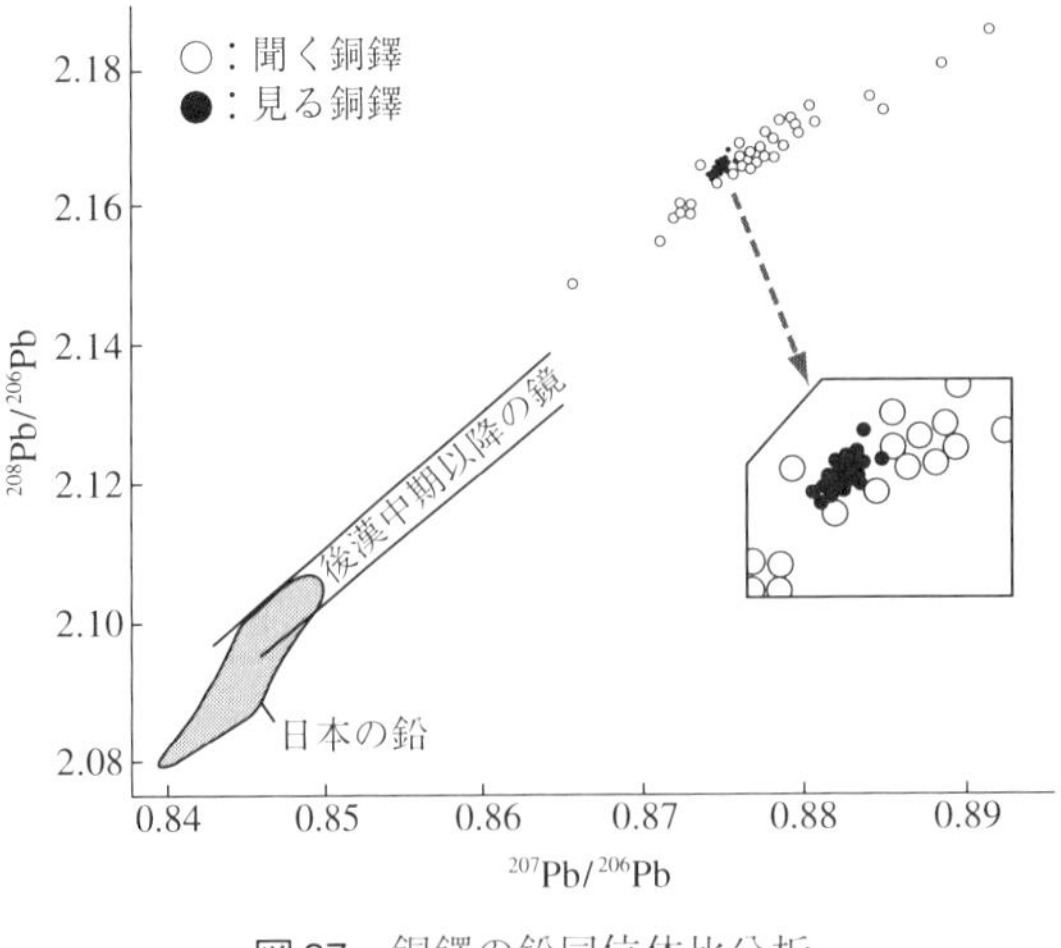


図27　銅鐸の鉛同位体比分析

とみてよかろう。

わが国の国家形成過程を議論する際には、古墳時代の政治的中心が、なぜ先進的な弥生文化をいちはやく繁栄させた北部九州でなく、畿内に形成されたのかという問いに答える必要がある。近年、鉄器や中国鏡の出土量の多寡、初期前方後円墳の諸要素にみられる非畿内的要素を強調するあまり、突線鈕式銅鐸の製作や流通を可能にした畿内地域や東海地域の後期社会の実態に目を向けない議論があるのは気にかかるところである。

現在までの調査事例からは後期の畿内に生まれた中心勢力の確定にはなお至らないが、その有力候補としては、突線鈕1式程度の大きさの銅鐸をつくることが可能な土製鋳型（外型）をはじめとして、後期段階の鋳造関連遺物がもっとも多く出土している奈良県田原本町唐古《からこ》・鍵《かぎ》遺跡などをあげてもよかろう。発掘調査による解明が進むことを願っている。

図28　唐古・鍵遺跡の鋳造関連遺物

# 第五章　卑弥呼の宗教変革と青銅器管理

## 一　社会変化の進行

一貫して巨大化へと向かっていた畿内・東海の「見る銅鐸」は、その巨大化が頂点に達した弥生後期後半に突如姿を消す。これと競うように長大化した北部九州の広形銅矛も同じ運命をたどった。長期にわたって人々が富と技術と想念を傾注してつくり、使い続けてきた銅鐸や武器形青銅器の役割が最終的に失われてゆく背後で、ふたたび列島社会に大きな変化が進行したことは間違いなさそうだ。卑弥呼が活動した時期に重なるこの頃に列島内でなにがおこっていたのか。これを考古資料から探るのはじつは容易ではない。

集落はこの時期、まさに再編期にあたっている。後期後半まで存在していた集落が衰退へ向かういっぽうで、奈良県纏向《まきむく》遺跡、福岡県比恵《ひえ》・那珂《なか》遺跡群、福岡県三雲《みくも》遺跡群をはじめとして、各地であらたな大規模集落遺跡が繁栄する。しかし、首長層の居住域と思われる方形区画の一部、計画的に配された可能性のある直線道路や大溝といった、一般集落とは異なる要素をわずかに垣間見ることはできても、全体構造となるとまだよくわからない。ただ、出土する土器には他地域のものが目立つようになり、土器を携えた人間の交流や移動が活発化し、情報や物資の流動化も一気に増大したことは認めてもよかろう。

葬制の面では、九州から関東にいたる広い範囲で、方形や円形の主丘に突出部を取りつけた前方後円形、前方後方形、四隅突出形などの首長墳墓が登場してくる。首長層が、よく似た記念物をつくることによってみずからの階層的、政治的立場を顕示する行動を始めたことがわかる。これらの首長墓で執り行われた儀礼には、遠い地域からはるばる持ち込まれた土器が使われていることが多く、首長どうしが広く交流をもったことがうかがえる。しかし、埋葬施設構造や副葬品の情報はのちの古墳時代ほど豊かではない。

このように、終末期のようすについては手がかりは増えつつあるものの、なお前後の時代ほどは明瞭な像を結ぶことはない。いまは資料不足を新しい発想で補うしかない。ここでは、終末期の青銅器の分析を中心に据えながら、畿内勢力による宗教変革と宗教的器物の管理という視点を提示してみよう。

## 二　銅鐸から銅鏡へ

突線鈕式銅鐸、広形銅矛の生産が停止する後期後半から終末期にかかる暦年代が、ほぼ西暦二世紀末頃と考えられる点は示唆的である。弥生時代国産大型青銅器の終焉が、「卑弥呼共立」という出来事に近い時期にあたることになり、両者の間に関連のあった可能性が考えられるからである。

列島在来のシンボルであった国産大型青銅器にかわって登場するものを、考古資料の中で探すとしたら、その第一候補は中国製銅鏡である。もちろんすでに弥生中期後葉には北部九州を中心に多量の前漢鏡の流入が始まり、その後も後漢鏡が継続して列島にもたらされ、一部は瀬戸内以東にも達していた。しかし、倭人が慣れ親しんだ内行花文鏡《ないこうかもんきょう》や方格規矩鏡《ほうかくきくきょう》などおなじみの漢鏡ではなく、弥生終末期に現れるのは画文帯神獣鏡と呼ばれるあらたなデザインの銅鏡だった。

中国銅鏡史において、神仙世界の登場人物や瑞獣《ずいじゅう》をモチーフにした神獣鏡は、後漢の元興元（一〇五）年銘鏡の存在が示すように二世紀初頭頃に登場したと考えられる。そして、この神

①元興元年銘帯環状乳神獣鏡　8.9cm

②永康元年画文帯環状乳神獣鏡　10.3cm

図29　初期の神獣鏡

獣鏡にみられる外区の銘帯を、神仙が雲車《うんしゃ》(1)に乗って天空を駆けるさまを描く画文帯に換えた初期のものが永康元（一六七）年銘をもつことから、画文帯神獣鏡の成立年代は二世紀第3四半期におくことができる。

中国では二世紀後半から三世紀にかけて神獣鏡がたいへんな流行をみせる。後漢後半期の混乱する社会のなかで、人々が不老長生を求める神仙術に希望を託そうとした思想的流れと無縁ではなかろう。画文帯神獣鏡もそうした状況のなかで生まれた。

ただ、画文帯神獣鏡が日本へ流入しはじめる時期は、もう少し限定できそうである。ごく初期の例である永康元年銘鏡や中平四（一八七）年銘鏡など、二世紀後半の画文帯神獣鏡においては、画文帯内に描かれた雲車の走行方向が反時計回りになるという原則がある。これに対して、日本で出土するものはほとんどがこれとは異なる時計回りであり、雲車前端部の表現形態も二世紀後半のものからやや変化がみられる(2)。この時計回りの雲車を持つ画文帯神獣鏡の出現年代は紀年銘鏡に恵まれないため確定できないが、型式学的にみれば三世紀初頭にまで下る可能性が高い。列島への画文帯神獣鏡の流入は、ほぼ西暦二〇〇年すぎに始まったと理解できるのである。

（1）神仙が天上界を運行する時の乗り物。

（2）小山田宏一「画紋帯同向式神獣鏡とその日本への流入時期」『大阪府立弥生文化博物館研究報告』第2集、一九九三年。

図30　反時計回り（上）と時計回り（下）の雲車

## 三　邪馬台国勢力による銅鏡配布

このように年代を整理できるなら、「卑弥呼共立」、国産大型青銅器の生産終焉、画文帯神獣鏡の流入という出来事が、短い時間のなかで展開したことまでは認めてもよいだろう。問題は、これをどう解釈するかである。

一つの手がかりはこの画文帯神獣鏡の分布である。画文帯神獣鏡は、北部九州にもっとも厚い分布をみせていたそれ以前の中国鏡のあり方とは異なり、明らかに畿内地域に分布の重心を移している。こうした特徴をみせる画文帯神獣鏡については、たんに大陸物資の流通経路が変化したというよりも、畿内地域に中枢をおく政治勢力によって意図的に入手して配布されたとみるほうが説得力をもつように思う(3)。すでに弥生後期の「見る銅鐸」の製作と分配にあたって、畿内地域の首長連合が一定の政治的意図を込めていたとすれば、つづく画文帯神獣鏡におなじような役割を与えるという発想ももちえたであろう。

いまひとつ注目したいのは、画文帯神獣鏡が弥生終末期の遺跡から出土するもっともランクの高い青銅器であると思われる点である。このことを如実に示したのが、一九九九年から二〇〇〇年にかけて行われた奈良県ホケノ山墳墓の発掘調査であった。

ホケノ山は墳丘長八〇m、弥生終末期の列島内では最大級の墳墓である。そ

（3）岡村秀典「卑弥呼の鏡」『邪馬台国の時代』木耳社、一九九〇年。

のホケノ山に設けられた、これまたこの時期としてはもっとも入念な埋葬施設のなかに少なくとも二面分の画文帯神獣鏡が残されていた。さらに、これとは別にホケノ山墳墓から出土した可能性の高い二面の画文帯神獣鏡が調査以前から知られている。弥生終末期の大和の有力首長がいかにこの種の鏡を重視し、集積したかを物語る事実である

画文帯神獣鏡は、史上初めて畿内地域に分布の中心をもって現れた大陸文物である。それが大和に築かれた大首長の墳墓からまとまって発見された意義は大きい。ホケノ山の新しい成果により、画文帯神獣鏡がこの地域に中枢をおく政治勢力によって入手、配布された鏡である可能性はいっそう高まったのである。時期は三世紀前葉。『魏志』倭人伝にみえる邪馬台国勢力以外にその候補はみつからない。逆にいえば、邪馬台国の主要部をこの地以外に求められる可能性は決定的に少なくなったといわざるをえないのである。

弥生終末期の徳島県萩原一号墓から出土した画文帯神獣鏡と朝鮮半島北部の大同江流域で出土した画文帯神獣鏡が同型鏡（同じ原型からつくられた同一文様の兄弟鏡）の関係にある事実は、神仙世界を表現したこの種の鏡が公孫氏《こうそんし》勢力下の朝鮮半島からもたらされたことを強く示唆している。朝鮮半島では、二世紀後半以降、後漢王朝の弱体化とともにその郡県制支配の拠点であった楽浪郡《らくろうぐん》が急速に衰退していく。これに乗じて、遼東《りょうとう》の公孫氏が楽浪郡を勢力下におさ

図31　日本列島における画文帯神獣鏡分布

め、さらに三世紀初頭にはその南半を分けて帯方郡《たいほうぐん》を設置し、実質的な半島支配に乗り出した。『魏志』韓伝は、これ以後倭が帯方郡に属したことを記す。邪馬台国勢力は、公孫氏との結びつきを背景に画文帯神獣鏡という新来の銅鏡を独占的に入手し、各地の勢力に配布することによって、政治的主導権を掌握していったのである。

## 四　卑弥呼の宗教変革

弥生終末期から古墳時代前期にかけての約一五〇年あまりの間に、列島には画文帯神獣鏡、三角縁神獣鏡、斜縁神獣鏡《しゃえんしんじゅうきょう》などを中心に膨大な数の中国製神獣鏡がもたらされた。その数はわかっているだけでも五〇〇面をこえている。同時期の中国では神獣鏡が流行したとはいえ、方格規矩鏡、内行花文鏡、獣首鏡《じゅうしゅきょう》、夔鳳鏡《きほうきょう》、双頭龍文鏡、盤龍鏡など多種多様な鏡もまた存在していた。そのなかで列島に流入した神獣鏡の比率が突出している理由としては、倭人の側に神獣鏡に対する大きな需要が存在した状況を考えざるをえない。

威信財として、また葬送儀礼に用いる器物として、首長層がこぞって神獣鏡を求めた現象のうらには、列島首長層の間で神仙思想が急速に普及した状況を

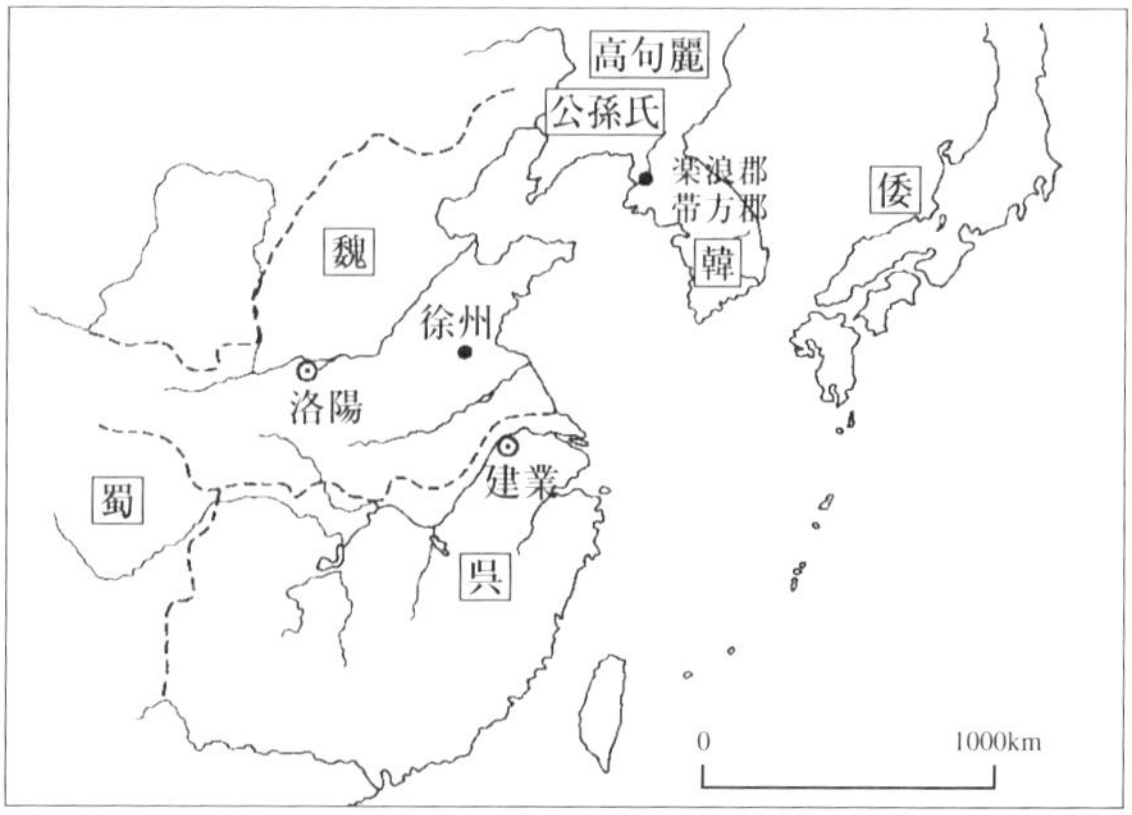


図32　3世紀の東アジア

想定したい。弥生終末期から古墳時代前期にかけて、大形銅鏡や水銀朱といった神仙術の重要なアイテムが首長の葬送儀礼のなかに顕著に認められるようになることは、これと無縁ではない。不老長生を求めるこの外来思想は支配秩序の永続を願う倭の首長層にとってまさにうってつけの「支配者の宗教」と映ったであろう。(4) 卑弥呼の得意とした「鬼道」が、こうした外来思想の影響を受けたものであるという見方も有力になりつつある。

このようにして、倭国乱の後に共立された卑弥呼のもとで、列島在来の銅鐸や広形銅矛は廃され、神獣鏡へとシンボルの統一がはかられたのである。弥生後期において、「見る銅鐸」は近畿・東海、広形銅矛は北部九州といったようにまさに地域に根ざしたシンボルであった。まがりなりにも初めて列島規模での中央性を持つ政治勢力として登場した邪馬台国が、広範囲の首長層の統合原理を模索するにあたっては、ある一地域の古い宗教的枠組みを継承するよりもまったくあらたなものを築き上げるほうが、地域間のあつれきも少なく好都合だったはずである。

それを外来の宗教的思想に求めた邪馬台国の戦略は、結果的に成功した。大陸との交渉権を握ることにより、つねに卑弥呼は最新の外来情報や先進文物にふれ、宗教的にも政治的にも第一人者として振る舞うことができたからである。

(4) 広瀬和雄「前方後円墳成立の歴史的背景」『激動の三世紀』大阪府立弥生文化博物館、一九九二年。

## 五　国産大型青銅器の不在

弥生中期から古墳時代前期にかけて、倭人は大陸起源の銅鐸、青銅武器、銅鏡などをみずからの創意でつぎつぎと大型化し、集団の結束を保つ祭器として、また、権威のシンボルとして重い役割を担わせてきた。しかし、こうした倭人社会にあって、弥生終末期から古墳時代初頭にかけての一時期だけが国産の大型青銅器を欠いていることは、意外に注目されていない。突線鈕式銅鐸や広形銅矛が消えて、古墳時代の倣《ぼう》製鏡《せいきょう》生産が本格化するまでの約一〇〇年間のことである。

この間にも青銅器生産が継続していることは、いやむしろ、青銅器生産の普及がより進んでいることは、小形鏡や銅鏃《どうぞく》などの製品だけでなく、ふいごの羽口《はぐち》や銅滓《どうさい》などの鋳造関連遺物を出土する遺跡が増えることをみても疑いない。

原料は、役割を終えた銅鐸を鋳つぶすだけでかなりの量をまかなえる。たとえば、滋賀県野洲市大岩山《おおいわやま》遺跡から出土した二四口の突線鈕式銅鐸の重量は二〇〇kgをこえるが、これは直径二〇cmの鏡で一五〇面以上の量に相当する。技術的に

図33　大岩山遺跡出土の銅鐸群（複製品）

も銅鐸や銅矛をつくったノウハウはまだ残されていたはずだ。にもかかわらず、この時期の国産青銅器は京都府城陽市芝ケ原《しばがはら》一二号墓の四獣鏡《しじゅうきょう》や銅釧《どうくしろ》など一二cm程度のものを最大値とするにとどまっているのである。

首長層の地位が視覚的にも強く顕示される古墳時代へ向かうなかで、その地位にふさわしい威信財である大形銅鏡などの必要性が増すいっぽうであったことを考えるなら、国産大型青銅器の不在といううらはらの現象は、政治的主導権を握った邪馬台国勢力による青銅器製作規制のあらわれではなかったか、と推測するのである。

## 六　青銅器の序列化と製作管理

興味深いのは、弥生後期後半〜終末期を中心に列島各地で多数製作された国産の倣製鏡の九割以上が直径九cm未満であったことだ。弥生時代の倣製鏡は小形倣製鏡とも呼ばれるように、連弧文日光鏡《れんこもんにっこうきょう》や重圏文日光鏡《じゅうけんもんにっこうきょう》といった最小タイプの中国鏡をモデルとして出発したため、初期のものが直径四〜五cmと小さいのは理解できる。しかし、その後の足取りは、つねに大陸青銅器を拡大模倣してきた倭人の青銅器生産のセオリーとは異なって、最後まで大型化には向かわなかったのである。

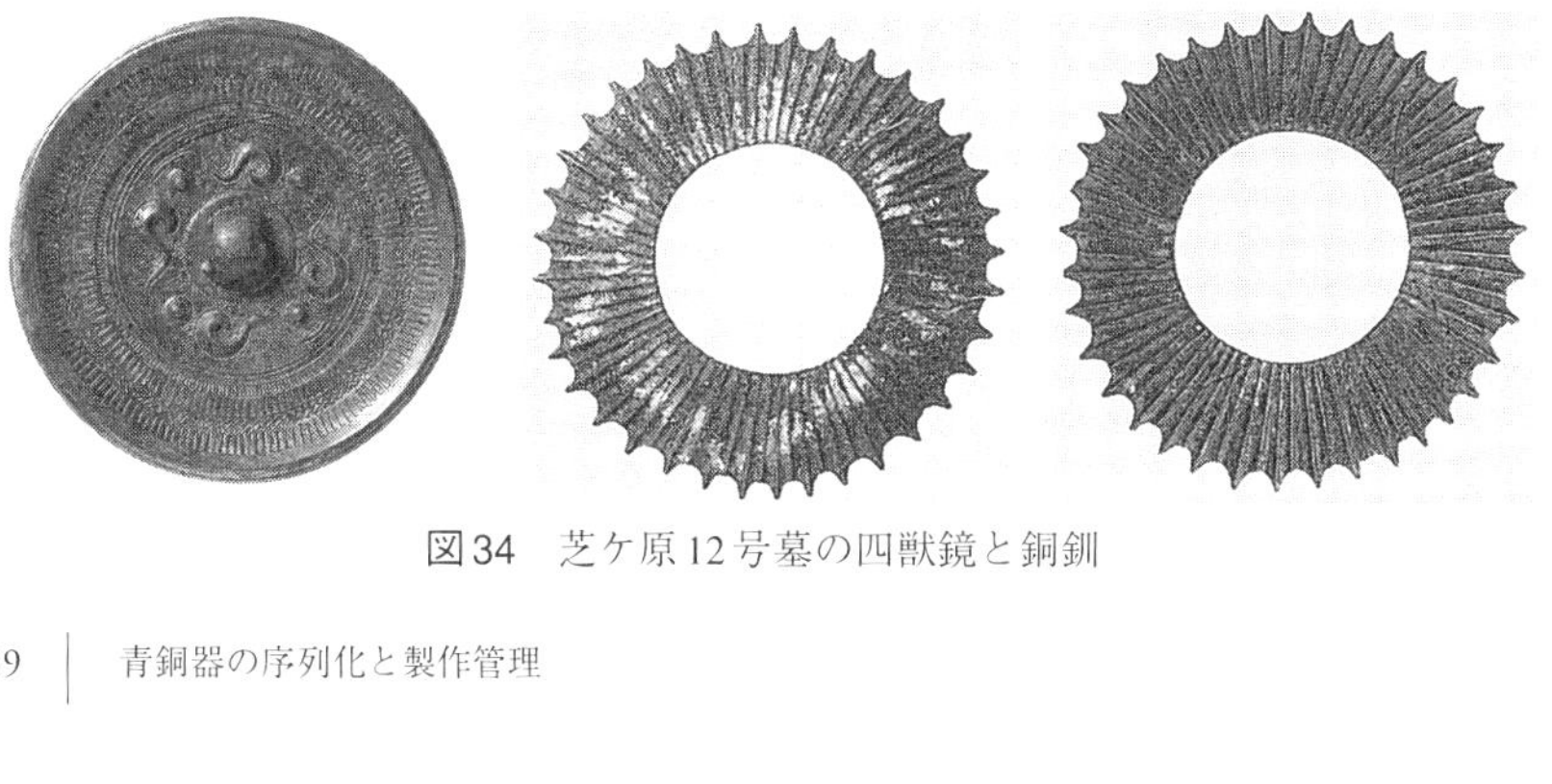

図34　芝ケ原12号墓の四獣鏡と銅釧

巨大な青銅器をつくる技術がありながら、弥生時代の倣製鏡がなぜ小形であり続けたのかという問いかけは、寺澤薫によってすでに提起されている[5]。寺澤は北部九州社会において、「鏡所有の重層化が進み、より下位の有力者の鏡所有の実現として小形倣製鏡が採用された」という前提にたち、王や首長の政治的権威を保証する呪器《じゅき》であった中国鏡を実物大で精巧に模倣することに対する規制がはたらいた、という興味深い解釈を示した。ただ、寺澤の「規制」は北部九州の倣製鏡に限定した理解であり、近畿の倣製鏡に対してはシャーマンが帯びるシンボルとして小形であることが求められたというまったく別の理由を考えている。この点は筆者のとらえ方とは基本的に異なるが、面径の規制という発想じたいは新鮮であった。

筆者は九cm前後という数値に注目する。図35には、弥生後期後半から古墳時代初頭の遺跡で出土した直径一二cm未満の中国鏡の面径分布を合わせて示しているが、これをみると、九cmあたりを境にして大きな面径に偏る中国鏡と小さな面径に限定される倣製鏡という違いが読みとれる。これらがほぼ同じ時期の日本列島に存在していたことを考えると、九cm未満のものが卓越する倣製鏡の大きさは、完形中国鏡の最小のものよりさらに小さくつくるという原則のもと

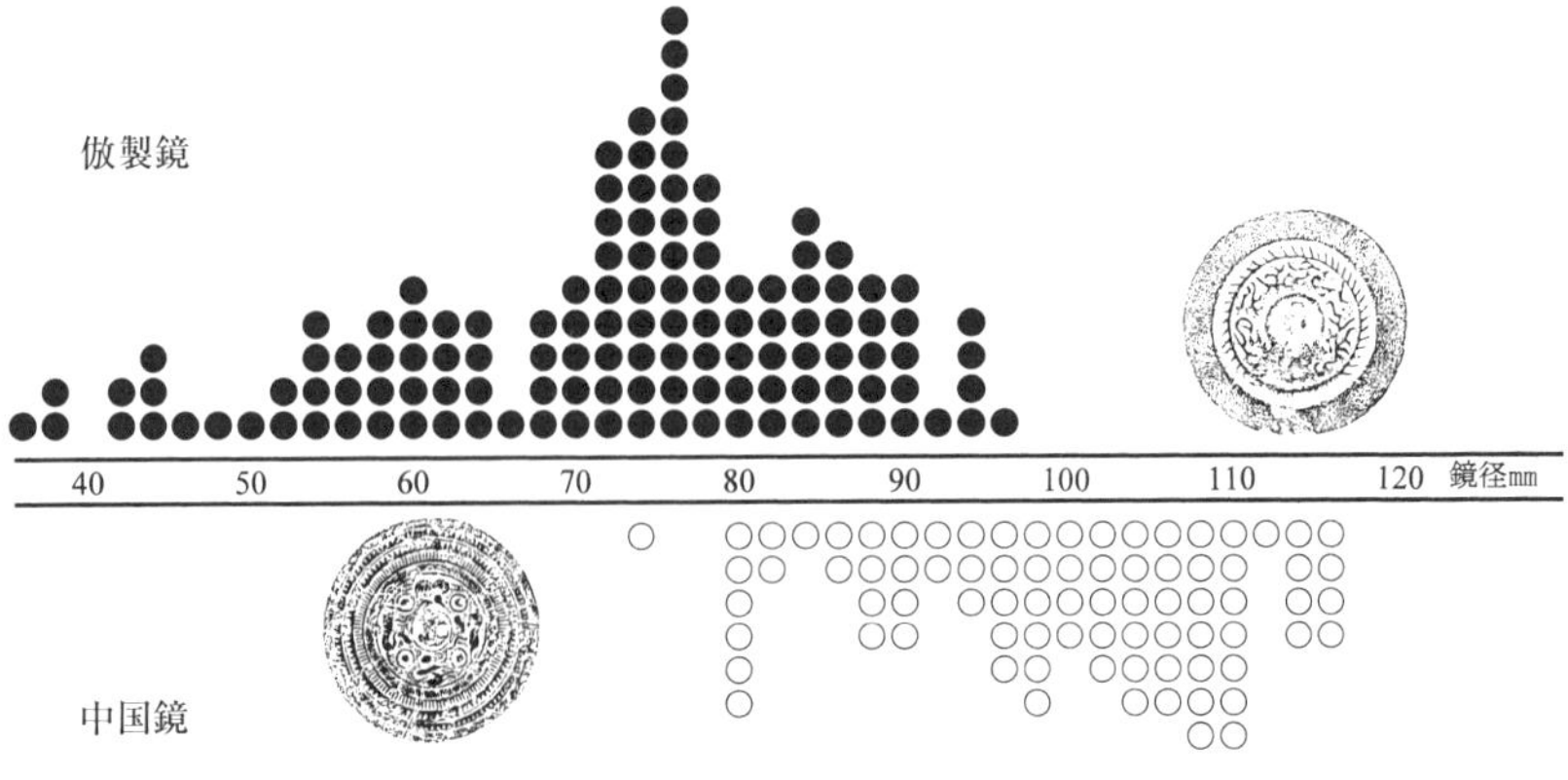


図35　小形倣製鏡と小形中国鏡の大きさ

にコントロールされていた可能性が高いと解釈できるのである。

同じことは、やはり弥生終末期に出土例が増えてきた鏡片の解釈にもあてはまる。鏡片もまた、八割以上が九cm未満の大きさにまで割られ、三〜四cmの破片も少なくないのである。鏡片の大きさにも、最小の完形中国鏡の面径を限度とする枠がはめられていたのではなかろうか(6)。

青銅器のあり方のうらに見え隠れする邪馬台国勢力のもくろみは、首長層統合のシンボルとしてあらたに選択した中国製画文帯神獣鏡を威信財の最上位に据え、内行花文鏡、方格規矩鏡など他種の大・中形中国鏡、斜縁獣帯鏡《しゃえんじゅうたいきょう》や飛禽鏡《ひきんきょう》などの小形中国鏡、国産の小形倣製鏡、各種の青銅器片にいたる序列で威信財青銅器の格付けを設定し、それを媒介にして列島の首長層や有力家長層を中心―周辺関係に組み込むことにあったと考えられる。そしてみずからは、最上

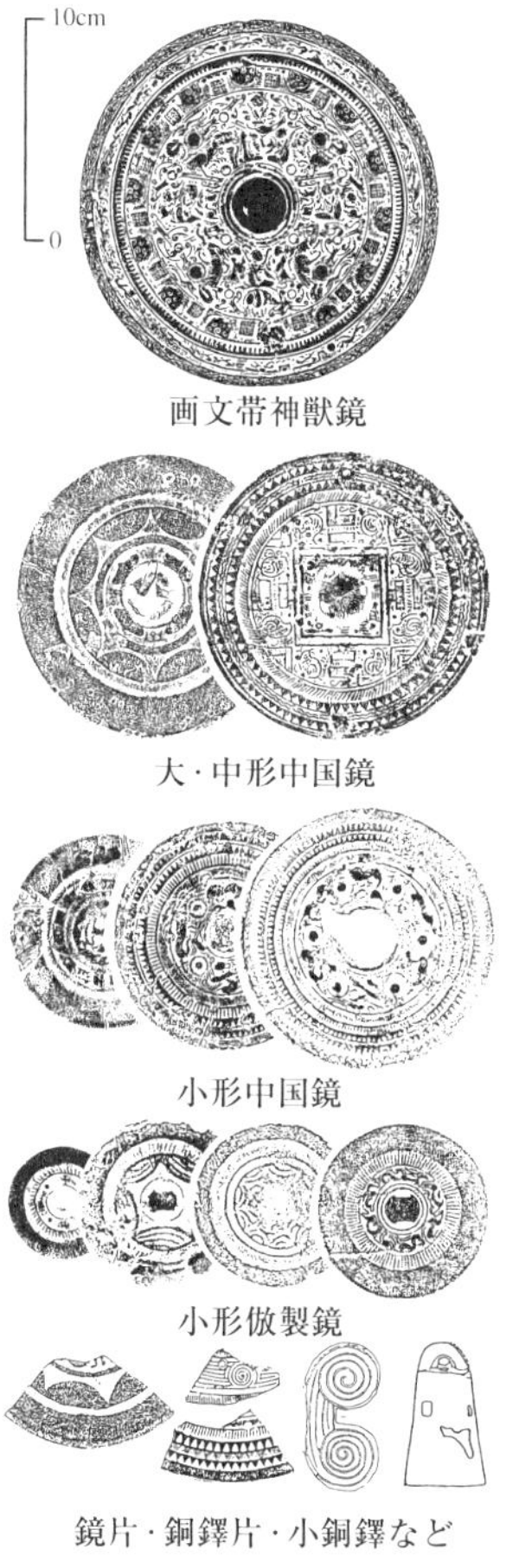


図36　弥生終末期の青銅器序列

(5) 寺澤薫「巫の鏡」『考古学と生活文化』同志社大学考古学シリーズV、一九九二年。

(6) さらにこの時期に見られる銅鐸破片、小銅鐸などもこの序列に組み込まれていた可能性が高い。弥生系小形倣製鏡、鏡片、銅鐸片、小銅鐸などが古墳時代になると消滅していくことは、この複雑な序列を大小の完形銅鏡によって表示するように統一がはかられたためと考えられる。

位の画文帯神獣鏡の入手、配布を独占することによって、列島の中心的政治勢力としての位置を確保していったのであった[7]。

青銅器生産が広く普及した弥生終末期において、製品の規格をきびしくコントロールすることは容易ではなかろう。しかし、『魏志』倭人伝に「国国市有り、有無を交易し、大倭をして之を監せしむ」と記されたような交易管理の芽生えを想起するなら、少なくとも邪馬台国勢力の中心性をおびやかす巨大な青銅器生産に監視の目を配ることは不可能ではなかったと考えられる。

## 七　卑弥呼共立の意味

女王卑弥呼は諸勢力によって共立された。卑弥呼を登場させ、また支えた中心母体である邪馬台国とは、すでに弥生後期段階において突線鈕式銅鐸の製作や配布を実現しえた畿内地域の首長連合を基礎とするまとまりであったと考えられる。倭国乱と呼ばれる二世紀後半の混乱期をへて、東アジア世界における倭人社会の統合の必要性を感じた列島首長層の一定の合意のもとに、畿内勢力を核として日本史上初の中央性を持った政治権力が登場したというのが「共立」の示す実情であろう。

この枠組みに参画した各地域の首長層には、鉄の安定的な入手、首長自身の

(7) 唯一の例外は、福岡県平原（ひらばる）墳墓から出土した五面の国産内行花文鏡である。直径四六・五cmという巨大な鏡がこの時期に製作されたものであったとしたら、それは邪馬台国による締めつけに対抗しようとした伊都国勢力の意思表示であろうか。

階層的地位の保守、敵対する近隣共同体への対抗など、それぞれにそうすべき現実的な理由があったにちがいない。ただ、現在われわれが沖縄やアイヌの問題を抱えながらも、日本という国民国家の体をなすにいたったことを思うとき、この「卑弥呼共立」はわが国の国家形成過程のなかで逆戻りしない一線をついにこえた瞬間であったと知るのである。

「卑弥呼共立」の人選にあたっては、『魏志』倭人伝に記されたような彼女の個人的な宗教的能力が重視されたかもしれない。しかしながら、経緯はどうであれ、いったん生まれた権力中枢が、その維持と伸張の自己運動を開始するのは世の常である。

卑弥呼を中心とする邪馬台国勢力は、まず神仙思想を取り入れて宗教体系の革新に着手し、あらたなシンボルとして公孫氏勢力から独占的に入手した画文帯神獣鏡を政策的に活用した。その対外交渉の主要目的の一つに、欠くことのできない鉄素材の獲得という項目が含まれていたことはいうまでもなかろう。さらに、この画文帯神獣鏡を最上位とする青銅器の威信財体系を整え、これをコントロールする戦略も効力を発揮した。こうして、邪馬台国勢力は倭の中央政権としての第一歩を踏み出したのであった。

図37
卑弥呼像（弥生文化博物館による推定）

# 第六章　三角縁神獣鏡の系譜

## 一　卑弥呼の銅鏡百枚

景初三（二三九）年六月、女王卑弥呼は難升米《なしめ》らを帯方郡に遣わし、魏に入貢した。倭からの中国への正式な朝貢としては後漢の永初元（一〇七）年以来一三〇余年ぶりのことであった。後漢献帝《けんてい》の禅譲を受けて二二〇年に成立した魏王朝の大きな政策課題の一つは、公孫氏の勢力下にあった遼東および朝鮮半島支配の回復にあった。西方の蜀《しょく》との攻防が一段落した二三〇年代半ばから、明帝は総力を挙げて公孫氏と戦い、激しい攻防の末に二三八年八月、ついにその目標を達したのである。卑弥呼の入貢はまさにその直後のことであり、激変する半島情勢への素早い対処だったといえよう。

こうした邪馬台国の政治活動を解明する手がかりとされてきたものに、列島から出土する三角縁神獣鏡という銅鏡がある。たしかに『魏志』倭人伝には「銅鏡百枚」が卑弥呼に与えられたと記されている。

三角縁神獣鏡とは、断面三角形の縁を持ち、裏面には神仙世界の神獣像を配した大型鏡である。初期の有力古墳から主要な副葬品として発見されるため、古墳時代開始期の列島内諸勢力の政治的関係を探る第一級の考古資料という評価は揺るぎない。また、畿内地域に多く分布することから、邪馬台国畿内説の有力な物証ともされてきた。問題はこれが本当に卑弥呼の銅鏡百枚にあたるか、という点だ。

図38　三角縁神獣鏡のかたち

## 二　三角縁神獣鏡製作地論争

三角縁神獣鏡が三国時代の華北のものであることは、一九二〇年にはやくも富岡謙蔵によって主張された(1)。富岡は、現在の「三角縁神獣鏡」を含む神獣鏡の一群を半肉彫神獣鏡《はんにくぼりしんじゅうきょう》と呼び、銘文の用字法や図像文様の特徴を考えあわせて、

（1）富岡謙蔵『古鏡の研究』丸善、一九二〇年。

これらが魏晋代の作であることを示した。さらに倭人伝の記事にも言及し、「卑弥呼の獲たる銅鏡百面等の蓋し此の類の鏡なりしを推測」したのである。

日本における古鏡研究の草創期に示された富岡の見解は、やがて古鏡研究者の間で妥当なものとして受け入れられていく。その後、群馬県高崎市柴崎《しばざき》古墳、兵庫県豊岡市森尾古墳、山口県周南市竹島古墳の三角縁神獣鏡に記された年号が魏の正始元（二四〇）年と確認され、一九七二年にはついに島根県雲南市神原《かんばら》神社古墳でまさに景初《けいしょ》三年銘を持つ三角縁神獣鏡が発見されるにいたり（図39）、卑弥呼の鏡は裏づけを増すこととなった。

ところが、一九八一年になって思いがけない研究が中国の雑誌『考古』に掲載された。当時、中国社会科学院考古研究所副所長の要職にあった王仲殊《おうちゅうしゅ》が三角縁神獣鏡日本製説を発表したのである。(2) じつは、魏鏡説に対する疑義は、一九六二年の森浩一による問題提起を皮切りに、その後、日本でも静かな潮流をなしてはいた。しかし、王の主張は新中国における膨大な発掘調査成果を基礎としたものだけに、日本考古学界に与えたインパクトは大きかった。

王説をここで詳細に紹介する余裕はないが、三角縁神獣鏡が中国から一面も出土していないという事実、当時の中国における政治情勢や鏡生産の地域的特徴、銘文の意味などを多面的に検討した王の結論は、三角縁神獣鏡は魏鏡ではなく魏と対立した呉の工人が倭に亡命して製作したもの、という内容であった。

図39
景初三年の銘

（2）王仲殊『三角縁神獣鏡』（尾形勇・杉本憲司編訳　学生社、一九九二年）に所収の「日本の三角縁神獣鏡の問題について」と題する論文。

（3）製作地論争の推移は岡本健一『邪馬台国論争』（講談社選書メチエ、一九九五年）にわかりやすくまとめられている。

当然卑弥呼の鏡ではありえないことになる。

三角縁神獣鏡の製作地についてはその後も激しい論争が続いているが[3]、ここでは従来の研究とはやや異なる三つの観点から、その製作系譜を考えてみよう。

## 三　長方形の鈕孔

鈕孔《ちゅうこう》とは耳慣れない言葉だが、鏡の中央にあるつまみ部分（鈕）に開けられた紐通しの孔のことである。筆者はこれまでに三角縁神獣鏡三五〇面を含む千数百面の鏡の鈕孔を観察し、三角縁神獣鏡の鈕孔形態がほとんど長方形に限られること（図40ａ）、そのほかの中国鏡あるいは倭鏡の多くは円形や半円形の鈕孔をもっていることを確認している。つまり三角縁神獣鏡の鈕孔形態はきわめて例外的ともいえるのである。

鏡の鋳型を思い浮かべていただきたい。鈕の部分は鋳型の段階では半球状の凹部となっている。鈕孔を開けるためには、この凹部に粘土でつくった棒状の中子を渡して溶銅が流れ込まない部分を設ける必要がある。鈕孔が円形になるか長方形になるかは、この中子の断面形の違いに起因

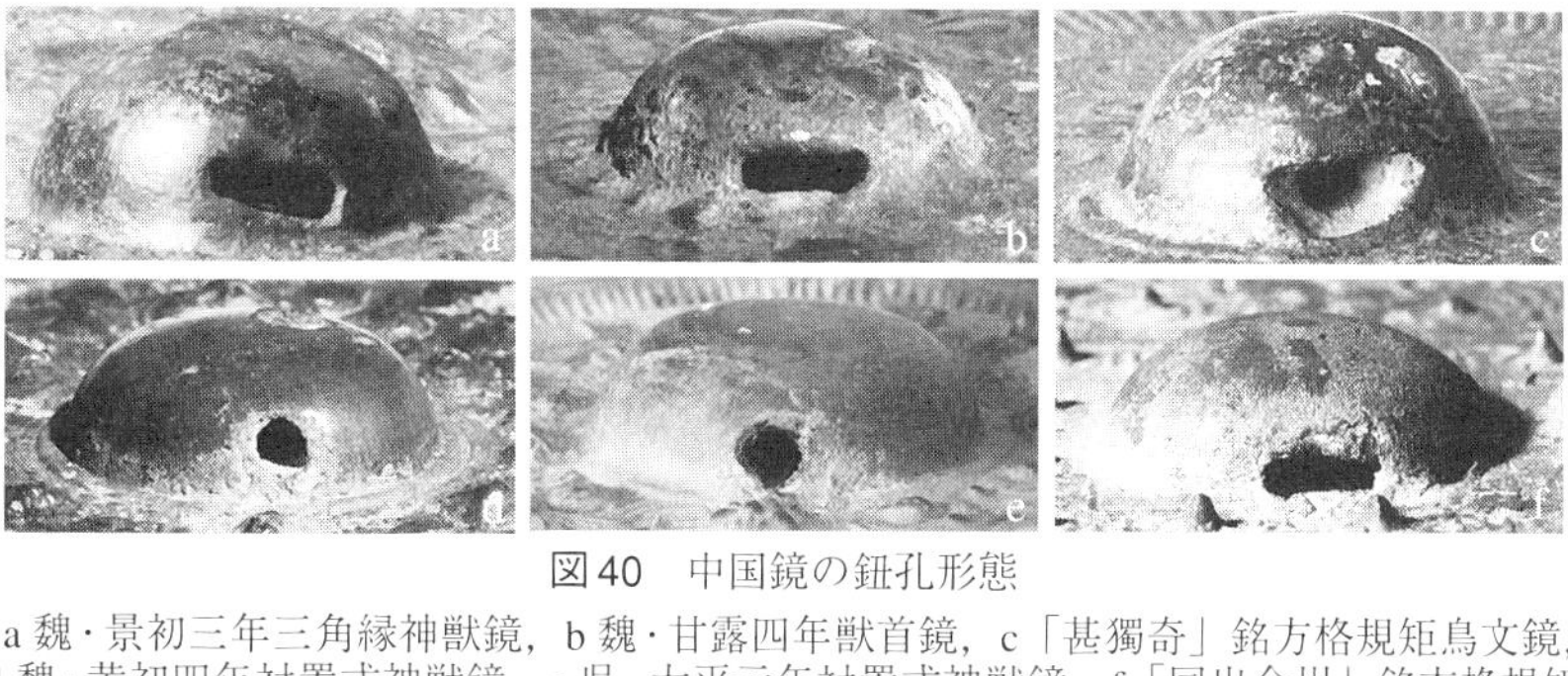

図40　中国鏡の鈕孔形態
（a 魏・景初三年三角縁神獣鏡，b 魏・甘露四年獣首鏡，c「甚獨奇」銘方格規矩鳥文鏡，d 魏・黄初四年対置式神獣鏡，e 呉・太平元年対置式神獣鏡，f「同出余州」銘方格規矩鳥文鏡）

する可能性が高い。

手工業製品には、往々にしてごく些細な構造部分に工人の系譜を示すクセが顔をのぞかせるものである。三角縁神獣鏡は長方形鈕孔という珍しいクセを持つある特定の工人群によって製作されたとみて間違いない。それはどこの工人か。王仲殊説との関係でいえば、魏と呉の鏡について比較してみることが有効だろう。

表2にはこれまでに確認されている魏の紀年銘《きねんめい》鏡《きょう》三〇面の鈕孔形態を示した。このうち一二面の同《どう》

**表2　魏の紀年銘鏡一覧**

| 年号 | 西暦 | 鏡　式 | 出土地または所蔵 | 鈕孔形態 |
|---|---|---|---|---|
| 黄初二年 | 221 | 同向式神獣鏡① | 大谷大学資料館 | 円 |
| 黄初二年 | 221 | 同向式神獣鏡① | (伝) 湖南省長沙 | 円 |
| 黄初二年 | 221 | 同向式神獣鏡② | 湖北省鄂城五里敦14号墓 | (半円) |
| 黄初二年 | 221 | 同向式神獣鏡② | 湖北省鄂城630工区 | (円) |
| 黄初三年 | 222 | 同向式神獣鏡③ | (伝) 浙江省紹興 | 半円 |
| 黄初三年 | 222 | 同向式神獣鏡③ | スウェーデン王立博物館 | (半円) |
| 黄初三年 | 222 | 同向亜式神獣鏡 | 日本文化資料センター | (円) |
| 黄初四年 | 223 | 対置式神獣鏡④ | 五島美術館 | 円 |
| 黄初四年 | 223 | 対置式神獣鏡④ | 東京国立博物館 | 円 |
| 黄初四年 | 223 | 対置式神獣鏡④ | 湖北省鄂城630工区 | (半円) |
| 太和元年 | 227 | 対置式神獣鏡 | ロイヤルオンタリオ博物館 | (円) |
| 太和元年 | 227 | 対置式神獣鏡 | 木村貞蔵旧蔵 | (円) |
| 景初三年 | 239 | 三角縁神獣鏡 | 島根県神原神社古墳 | 長方 |
| 景初三年 | 239 | 画文帯神獣鏡 | 大阪府和泉黄金塚古墳 | 長方 |
| 景初四年 | 240 | 盤龍鏡⑤ | 京都府広峯15号墳 | 長方 |
| 景初四年 | 240 | 盤龍鏡⑤ | 辰馬考古資料館 | 長方 |
| 正始元年 | 240 | 三角縁神獣鏡⑥ | 群馬県柴崎古墳 | 長方 |
| 正始元年 | 240 | 三角縁神獣鏡⑥ | 兵庫県森尾古墳 | 長方 |
| 正始元年 | 240 | 三角縁神獣鏡⑥ | 奈良県桜井茶臼山古墳 | 鈕なし |
| 正始元年 | 240 | 三角縁神獣鏡⑥ | 山口県竹島古墳 | 長方 |
| 青龍三年 | 235 | 方格規矩四神鏡⑦ | 京都府大田南5号墳 | 長方 |
| 青龍三年 | 235 | 方格規矩四神鏡⑦ | 大阪府安満宮山古墳 | 長方 |
| 青龍三年 | 235 | 方格規矩四神鏡⑦ | 関東地方出土？ | 長方 |
| 正始五年 | 244 | 画文帯神獣鏡 | 五島美術館 | 半円 |
| 甘露元年 | 256 | 獣首鏡　右尚方銘 | 出土地不明 | 長方 |
| 甘露四年 | 259 | 獣首鏡　右尚方銘 | 五島美術館 | 長方 |
| 甘露五年 | 260 | 獣首鏡⑧　右尚方銘 | 黒川古文化研究所 | 長方 |
| 甘露五年 | 260 | 獣首鏡⑧　右尚方銘 | 書道博物館 | 半円 |
| (甘露)五年 | 260 | 獣首鏡　右尚方銘 | 河北省高碑店付近？ | 長方 |
| 景元四年 | 263 | 規矩鏡　右尚方銘 | 五島美術館 | 長方 |

鏡式名のあとの丸囲み数字は同じ型からつくられた鏡を示す

向式《こうしき》・対置式《たいちしき》神獣鏡は円形系統で占められているが（図40d）、これらは王仲殊が鮮やかに論証したとおり、呉王孫権《ごおうそんけん》がいまだ魏に臣属していた黄初・太和年間に華南で製作されたものであり、実質的には呉鏡といえる。これを除くと残り一八面のうちじつに八割強の一五面までが長方形鈕孔を有していることになる。

これらのなかで甘露《かんろ》四年獣首鏡（図40b）、甘露五年獣首鏡、景元《けいげん》四年規矩《きく》鏡《きょう》などが長方形鈕孔を持つことはとくに重要である。なぜならこれらには、魏の官営工房である「右尚方《うしょうほう》」でつくられたことを示す銘文が記されているからである。このことは、三角縁神獣鏡にみられる長方形鈕孔の手法が、魏の官営工房の技術につながる可能性の高いことを示唆しているといえよう。

これに対して、一〇〇面ほどみつかっている呉の紀年銘鏡においては、円形系統の鈕孔が主流であり（図40e）、三角縁神獣鏡のような横長の長方形鈕孔は確認できない。呉の亡命工人を三角縁神獣鏡の製作者とするには不都合な事実である。

## 四　外周突線をもつ鏡群

三角縁神獣鏡は外区を鋸歯文《きょしもん》・複線波文《ふくせんはもん》・鋸歯文からなる三帯の文様で飾る原則を持つが、よくみるとそのさらに外側に一条の突線をめぐらしている例の

図41　三角縁神獣鏡の外周突線

あることがわかる。三帯構成の外区文様帯のさらに外側に施された突線を外周突線《がいしゅうとっせん》と呼ぶことにしよう。

　機能的、あるいは文様的にはとりたてて重要性の認められない外周突線を施すことは、鋳型に模様を刻んだ工人の流儀にほかならない。三角縁神獣鏡においては舶載鏡の約四割に外周突線が存在するが、景初《けいしょ》三年鏡、正始《せいし》元年鏡を含めた初期のものに明瞭な突線が多いという傾向がみられる。三角縁神獣鏡の創出にあたって外周突線手法を用いる工人の関与があったことを示唆している。幸いなことに先の長方形鈕孔の場合と同じく、外周突線をもつ鏡群も中国鏡全体のなかではごく稀な存在である。ほかにみられない特徴的な要素の共有があればあるほど、系譜関係の追跡には好都合だ。

　この外周突線をもつ鏡群は、三角縁神獣鏡のほかには直径一四cm以上の斜縁神獣鏡、一部の方格規矩鏡、円圏規矩鏡《えんけんきくきょう》などに限られる。これまでに筆者が確認したものをすべてあげてもせいぜい六〇面程度だろう。

　斜縁神獣鏡は、日本列島、朝鮮半島の楽浪地域そして中国華北からも少量発見されている鏡で、確実な根拠は不十分だがほ

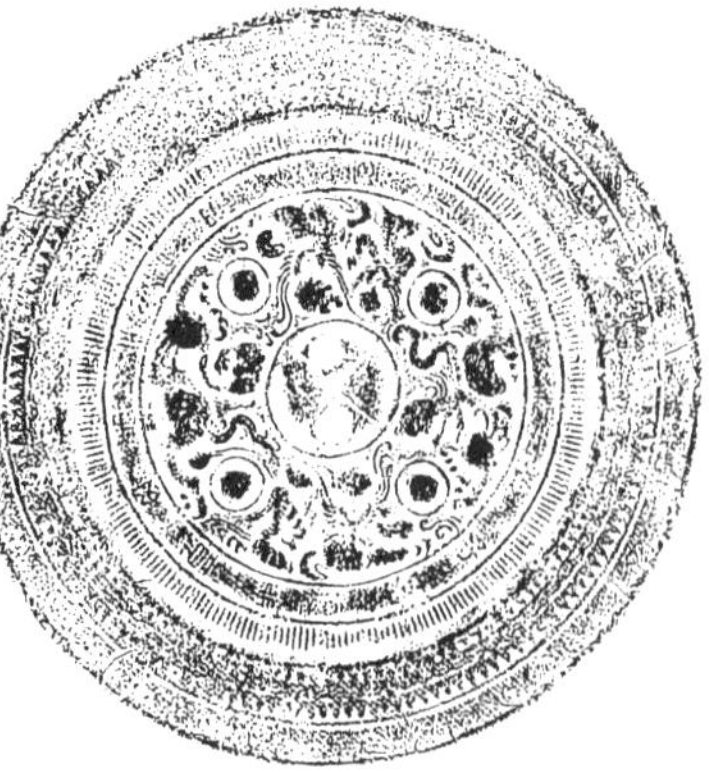

①斜縁二神二獣鏡　15.7cm
（大分県免ケ平古墳）

②方格規矩四神鏡　18.4cm
（京都府椿井大塚山古墳）

図42　外周突線をもつ中国鏡

ぼ後漢末期～三国初期にかけて製作された可能性が高い。四乳《しにゅう》の間に神仙世界の神獣像を配置する文様構成は、三角縁神獣鏡にきわめて近く、ときおり誤って三角縁神獣鏡と呼ばれることがあるほどである。その九割以上に外周突線がみられることから、この手法は本来斜縁神獣鏡工人の流儀であったことが推定できる。ただ、鈕孔形態はすべて半円形であるので、三角縁神獣鏡の工人と同一とはいえない。

方格規矩鏡、円圏規矩鏡は後漢代を中心に流行した鏡種であるが、ごく一部に外周突線をもつものがある。それらはL字文が通常とは逆の右向きになるなど、図像文様の点で漢代以来の原則からの逸脱が顕著であり、規矩鏡のなかでも特異な一群を形成している（図42②、図43①）。

この種の規矩鏡の出土例は日本列島と中国大陸の双方にあるが、中国では洛陽周辺にはみられず、遼寧省、河北省、北京市といった華北東部の地域でみつかっており、時代も魏晋代に下る。魏の領域内ではあるが、都の正統な工人とは系譜を異にする東部地域の在地工人が関与した一群である可能性が高い。こうした特異な規矩鏡の大部分は長方形鈕孔をもっており、三角

①「同出余州」銘方格規矩鳥文鏡 16.8cm
（遼寧省遼陽三道壕1号墓）

②「甚獨奇」銘方格規矩鳥文鏡 15.4cm
（河北省易県燕下都）

図43　三角縁神獣鏡と銘文が共通する中国鏡

縁神獣鏡との関連がもっとも深い鏡として注目すべき存在である。

## 五　銘文の共通性

三角縁神獣鏡には、ほかの鏡にあまりみられない珍しい語句を含む銘文がしばしば登場する。富岡謙蔵が三角縁神獣鏡＝魏晋鏡説の根拠の一つとした「銅出徐州《どうしゅつじょしゅう》」もその代表例だ。ところが、いまから四〇年あまり前に遼寧省遼陽三道壕の三国時代の塼室墓《せんしつぼ》から発見された方格規矩鳥文鏡《ちょうもんきょう》（図43①）にも、偏は省略されているが「同出余州」の一句が記されているのである。

ただ一面だけなので例外として無視したいところだが、そうはいかない。というのは、この鏡は先述した外周突線をもつ「特異な規矩鏡」そのものなのである。鈕孔形態も三角縁神獣鏡と同じく長方形鈕孔だ（図40ｆ）。両者の関係はきわめて深いといわざるをえない。

さらに重要な資料が、河北省易県《えきけん》で採集されていることが最近になってわかった。「吾作明鏡甚獨奇保子宜孫富無訾」という銘文を持つ方格規矩鳥文鏡である（図43②）。文字どおりきわめて奇なる銘文ではあるが、じつは静岡県磐田市松林山《しょうりんざん》古墳出土の三角縁二神二獣鏡《にしんにじゅうきょう》にある銘文と一字も違わない。三角縁神獣鏡と同一の銘文を持つ中国鏡の確認例としては初めてのものだ。同一工人の作とまでは断定できないにしても、このような珍しい銘文が一致することは、工人どうしがかなり近い関係にあったことをうかがわせるに十分である。

　易県出土鏡には外周突線はないが、L字文の向きや鳥文の表現などの点で「特異な規矩鏡」と共通する要素を持つ。一九九九年の夏、筆者はついに念願の易県出土鏡に対面する機会をえた。河北省文物研究所の一室で手にとって確認した鈕孔形態は予想通り三角縁神獣鏡と同じ長方形であった(4)（図40ｃ）。

（4）福永伸哉・森下章司「河北省出土の魏晋鏡」『史林』八三―一、二〇〇〇年。

## 六　魏晋代の特鋳鏡

　長方形鈕孔、外周突線、特異な銘文。これらはいずれも中国鏡全体のなかでは少数派に属する例外的な要素であるが、三角縁神獣鏡においては逆に普遍的な存在となっている。これらの点からその製作体制の具体像を描くとしたら、長方形鈕孔の特徴をもつ尚方工人《しょうほうこうじん》と外周突線の手法をもつ華北東部地域の工人による合作という可能性がもっとも高い。いずれにしても、その技術的系譜は魏晋の領域の鏡生産に求められる可能性が高いのである。

　さらに、古相の三角縁神獣鏡の多くにみられる外周突線と長方形鈕孔をあわせもつという特徴は、東アジアの銅鏡史に照らすと、西晋泰始《たいし》七（二七一）年の紀年銘塼をもつ北京市大営村《だいえいそん》八号墓から出土した方格規矩鏡にみられるものがほぼ年代的な下限になる。資料に即して語る限り、三角縁神獣鏡の製作開始がそれ以降にくだるなどという理解は、かりに日本製説をとったとしても成り立ちがたいことを付け加えておかなくてはならない。

このように三角縁神獣鏡は三世紀の魏晋領域の鏡生産のなかでしか理解することのできないものである。それにもかかわらず三角縁神獣鏡そのものは大陸では依然としてみつからない。このあり方を説明するには、三角縁神獣鏡は倭王卑弥呼、そして壱与に下賜するために中国王朝が特別にあつらえた「特鋳鏡《とくちゅうきょう》」だったとみるのがやはりもっとも合理的だと思う。逆にそうでないとしたら、かくも関連の深い鏡が魏晋の領域から出土している事実をいかに説明できるだろうか。

# 第七章　邪馬台国から大和政権へ

## 一　卑弥呼の冊封《さくほう》

　景初三年の卑弥呼の朝貢に対して、魏は卑弥呼に「親魏倭王《しんぎわおう》」の称号を与え、金印紫綬《きんいんしじゅ》を仮して処遇した。魏が外蛮の王に「親魏」という冠称をつけた例は、ほかに太和三（二二九）年に遣使した西域の大月氏国王波調《だいげっしこくおうはちょう》に対するものがあげられるのみであり、金印紫綬も中国の印制のなかでは最上位のものである。破格の厚遇というほかはない。対立関係にあった呉の背後にある有力蛮夷と認識されていた事情を差し引くとしても、これだけスケールの大きな話が、北部九州の一角で完結したものとはとても思えないのである。

　それはさておき、中国王朝による正式な冊封は、卑弥呼が東アジア世界の政治秩序のなかで倭人の盟主として認知されたことを示しており、倭人諸勢力による「共立」を権威の拠り所とした朝貢以前とは明らかに次元の異なる政治権力へと発展していく大きな契機となった。この二三九年を境にして、公孫氏との交渉を軸に画文帯神獣鏡の入手分配を通じて、列島初の中央政権としての性格を強めていった前期邪馬台国政権と、中国華北王朝の権威を基盤に、三角縁神獣鏡を切り札として明確な中心―周辺関係をもつ政治連合を確立した後期邪馬台国政権に分けてとらえることも可能だ。

## 二　切り札としての三角縁神獣鏡

三角縁神獣鏡が華北王朝への朝貢の見返りに邪馬台国勢力のもとに与えられたという筆者の考えは前章で述べた。それが神獣鏡というデザインでなくてはならなかった理由は、神仙思想を取り込んだ卑弥呼の宗教変革のなかで、すでに画文帯神獣鏡が最上位の青銅器に位置づけられていたという前史があったからである。最初期の三角縁神獣鏡の内区デザインが画文帯神獣鏡と共通することは、三角縁神獣鏡がまさにその役割を引き継いだものであったことを示している。

筆者は、三角縁神獣鏡と認められている五三〇面ほどの銅鏡のうち、約四〇〇面が舶載鏡《はくさいきょう》と呼ばれる中国製、残りの約一三〇面がのちにこれを模倣して日本列島でつくられた倣製鏡とみる。そして、文様の変化過程を整理すると、舶載三角縁神獣鏡の製作段階はおおよそA～Dの四段階に分類でき、その段階差は邪馬台国および大和政権が華北王朝に送った遣使の時期の違いを反映していると考えている。系譜的に関連の深い中国鏡の年代や三角縁神獣鏡自身の年号鏡などを参考にすると、舶載三角縁神獣鏡は第一回目の遣使にあたる二三九年を起点として、その後半世紀前後にわたって製作された鏡である可能性が高い。

邪馬台国政権の継続的な朝貢に対して与えられた下賜品である三角縁神獣鏡が各地の古墳から出土するということは、それが政権中枢から地域に配布されたことを示すものである。卑弥呼に下賜品を与えた魏皇帝はいう。「悉《ことごと》く以て汝国中の人に示し、国家汝を哀れむを知らしむべし」と。

特製の鏡はすぐに配布してこそ、政権の背後に大国の後ろ盾があることを示

図44　三角縁神獣鏡の文様変化

す有効打となったにちがいない。そして、それは三角縁神獣鏡を独占的に入手できる邪馬台国政権だけの特権であった。こうして最初の朝貢使節が帰国した二四〇年以降、三角縁神獣鏡は、卑弥呼による青銅器管理戦略のもとで画文帯神獣鏡にかわってあらたに最上位に位置づけられ、政治的同盟関係を結ぶ際の切り札として威力を発揮することになるのである。

女王卑弥呼は、宗教面では「支配者の宗教」である神仙思想の権威として、政治面では中国魏王朝から冊封された正式な倭国王として、経済面ではあらゆる局面で必要とされる鉄素材の流通をコントロールする主体として、ほかの諸首長をはるかにしのぐ力を身につけていった。こうしてついに、邪馬台国勢力を優位とする列島首長間の同盟関係と身分的序列関係が確立するときが来た。従来の地域性の枠を破った列島規模での巨大な首長連合が誕生したのである。卑弥呼の政権はあらたな段階に到達した。

## 三　卑弥呼死す

筆者は、大和政権の成立とも呼ぶべきこの同盟関係成立の直接的な契機としては、二四〇年代後半頃に邪馬台国と狗奴国《くなこく》の熾烈な抗争の帰趨が決したことを重視している。『魏志』倭人伝は、卑弥呼と狗奴国の男王とがもとから不和で激しい抗争を繰り広げており、魏の帯方太守《たいほうたいしゅ》から卑弥呼への支援があったことを伝える。最終的な決着内容は記されていないが、のちの前方後円墳の分布などから判断すると、邪馬台国側の有利な形で収拾がはかられたと理解するのが妥当であろう。

狗奴国との抗争終結とあい前後して、女王卑弥呼は死をむかえた。『北史』の「正始中卑弥呼死す」なる記述が正しければ、正始九（二四八）年までに没したことになるが、ここでは二五〇年頃のこととしておこう。二世紀末の「共立」以来、倭の盟主的首長として半世紀以上にわたって「君臨」したわけだから日本史上でもまれにみる長期政権である。

倭人社会の統合に成功して生まれた大和政権にとって、この偉大な王を失うことは深刻な危機を意味する。王の死を乗りこえて政権がたしかに継続していくことを広く示すためには、その葬送にあたって破格の処遇が必要だった。

卑弥呼の生きた弥生終末期までにつくられた各地の最大規模の墳墓は岡山

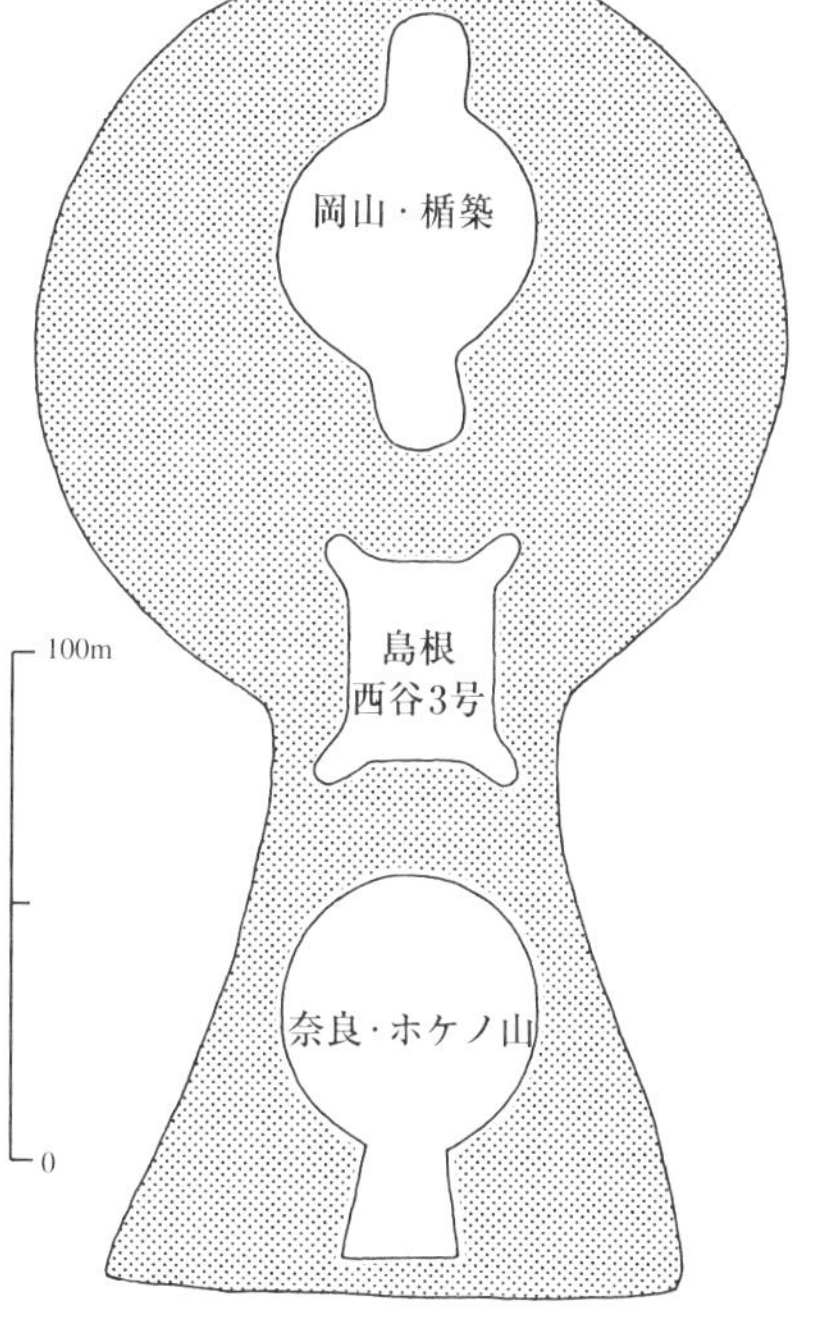

奈良・箸墓古墳

図45　箸墓古墳と弥生墳墓の比較

県倉敷市楯築《たてつき》墳墓八〇m、島根県出雲市西谷《にしだに》三号墓五〇m、京都府南丹市黒田《くろだ》墳墓五二m、奈良県桜井市ホケノ山墳墓八〇m、千葉県市原市神門《ごうど》四号墓四九mなどである。卑弥呼が達成した王権の広がりを正しく評価するなら、そして、その後の大和政権が目に見える王権の姿を巨大古墳に託したことを認めるなら、卑弥呼の墳墓は比類なき圧倒的な規模をもって築かれることが求められたと理解すべきであろう。大和政権の成立を画すこの大きな飛躍を現在の考古資料から見いだすとしたら、筆者は庄内式期の八〇mのホケノ山墳墓と布留式期最古段階の二八〇mの箸墓古墳の間に求める以外にないと考えるのである。

## 四　箸墓古墳の画期性

箸墓古墳が卑弥呼の墓であることをはやくに主張したのは笠井新也であった(1)。笠井の理解は、卑弥呼は孝霊天皇の皇女として『日本書紀』に登場する倭迹迹日百襲姫《やまとととびももそひめ》と考えられ、その倭迹迹日百襲姫の墓とされるのが箸墓であるので、卑弥呼の墓は箸墓であるという論法になる。『魏志』倭人伝が伝える径百余歩という墓の

表3　古墳に副葬された三角縁神獣鏡の組み合わせ

| 古墳＼三角縁神獣鏡 | A | B | C | D |
|---|---|---|---|---|
| 兵庫・吉島 | 1 | 3 | | |
| 〃　権現山51号 | 2 | 3 | | |
| 〃　西求女塚 | 3 | 2 | | |
| 奈良・黒塚 | 14 | 19 | | |
| 滋賀・古富波山 | 2 | 1 | | |
| 〃　雪野山 | | 3 | | |
| 愛知・奥津社（伝） | 1 | 2 | | |
| 福岡・石塚山 | 1 | 3 | 3 | |
| 〃　原口 | | | 3 | |
| 大分・赤塚 | | 2 | 3 | |
| 山口・宮洲 | 1 | 1 | 1 | |
| 岡山・湯迫車塚 | 1 | 8 | 2 | |
| 徳島・宮谷 | | 2 | 1 | |
| 兵庫・東求女塚 | | 2 | 2 | |
| 大阪・石切神社（伝） | | 1 | 2 | |
| 京都・椿井大塚山 | 12 | 17 | 3 | |
| 〃　長法寺南原 | | 1 | 3 | |
| 奈良・桜井茶臼山 | 1 | 5 | 2 | |
| 〃　富雄丸山 | 1 | 2 | 1 | |
| 滋賀・大岩山 | | 1 | 2 | |
| 三重・桑名市（伝） | | | 3 | |
| 群馬・三本木（伝） | 2 | | 1 | |
| 兵庫・阿保親王塚 | | | | 3 |
| 〃　城の山 | | | | 3 |
| 大阪・万年山 | 2 | 2 | 1 | 1 |
| 奈良・鴨都波1号 | | 2 | | 2 |
| 愛知・東之宮 | | | 2 | 2 |

大きさも、箸墓の後円部径にほぼ近い。箸墓古墳に関する考古学的検討が不十分な段階での笠井説は、学史としての意義を大きくこえるものではないが、半世紀以上前からすでにこうした指摘があったことは驚きだ。

　箸墓古墳は、先行するいかなる墳墓よりも圧倒的に大きな規模をもって大和盆地東南部に登場する。しかも、二〇〇ｍ台という墳丘長はその後約三〇〇年間にわたって巨大前方後円墳の規模のスタンダードとなる点で大きな意味をもつ。後円部は整った正円形を描き、後円部径に等しい長さにまでのびた前方部は、頂部前端が高まって外界から隔絶した壇となる。見事な段築成《だんちくせい》と葺石《ふきいし》を備えた墳丘からは吉備系の特殊器台や、それから発展した最古の特殊器台形埴輪などが出土し、後円部頂上には板石を用いた竪穴式石室が存在するらしい。副葬品の内容はわからないが、以後の巨大古墳に引き継がれていく要素をほぼ完備した最初の前方後円墳と理解して誤りはない。

　宮内庁の管理下にあるため調査の道は険しいが、さまざまな経緯で墳丘から採集された土器類の編年的検討や周辺部の調査成果を総合すると、箸墓古墳は布留式期の最古段階に築造されたことがほぼ確実である。また、箸墓古墳に近い時期に築造されたと考えられる兵庫県たつの市吉島《よしま》古墳、権現山《ごんげんやま》五一号墳、神戸市西求女塚《にしもとめづか》古墳などには、三角縁神獣鏡のうちＡＢ段階のものを含むが、製作時期が二六〇年代半ばに下ると筆者が推定するＣ段階のものはみられない

（1）笠井新也「卑弥呼の冢墓と箸墓」『考古学雑誌』三二―七、一九四二年。

ので、これらの築造時期を二六〇年頃までに限定できる可能性が高いと考えている。箸墓古墳の築造年代を推定する大きな手がかりだ。

## 五　最初の王は死せる王

近年の古墳形態に関する研究によると、瀬戸内から畿内地域の初期の有力古墳のなかに、箸墓古墳をダウンサイズしたような相似形の墳丘をもつものが存在するという。(2) 京都府木津川市椿井大塚山古墳が箸墓の三分の二、岡山市浦間茶臼山《うらまちゃうすやま》古墳が二分の一、京都府向日市五塚原《いつかはら》古墳が三分の一、岡山市湯迫《ゆば》車塚《くるまつか》古墳が六分の一という具合である。前方後円墳や前方後方墳の築造は正確な測量のもとに行われたと考えられるから、こうした現象の背後に古墳の設計原理や設計図の共有といった状況を推定するのも不可能ではない。

このことは、箸墓古墳の築造を契機にして完成をみた葬送儀礼のスタイル（古墳をつくることじたいもその重要な一要素）が列島の有力首長層の間で共有され、しかも規模や複雑さの序列を形成しながら普及していったようすをうかがわせる。空前の規模をもって出現する箸墓古墳を女王卑弥呼の墓とするなら、古墳時代開始の考古学的指標ともなるその画期性の意味も無理なく理解できるのである。

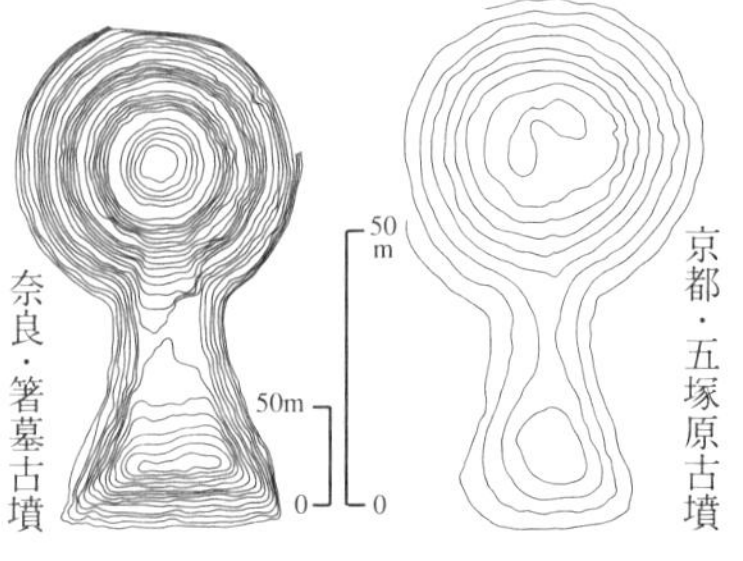


図46　墳丘形態の類似

（2）和田晴吾「向日市五塚原古墳の測量調査より」『王陵の比較研究』京都大学考古学研究室、一九八一年。北條芳隆「墳丘に表示された前方後円墳の定式とその評価」『考古学研究』三二―四、一九八六年。

国家起源の要因として儀礼を重視する人類学者のA・M・ホカートは、国家形成の出発点において王権の持つ儀礼的側面がきわめて重要な役割を果たすことを主張する(3)。そして、「最初の王は死せる王であったにちがいない」と述べ、亡くなった偉大なリーダーの葬送儀礼を成功裏に遂行することが継続する王権の第一歩となることを示唆している。王権とはいえないが現代世界においても、民族離散の淵からトルコ共和国を創生したアタチュルク、社会主義国家建設の指導者であるレーニン、毛沢東など、偉大な初代の英雄の死が、巨大な記念物建設をともなって儀礼的に利用された例は多い。その意味では、卑弥呼の死こそが大和政権を確立させたという見方もできるのである。

ホカートはまた、儀礼というものが中心化を押し進めてゆく性質を本来的にもっている点にも注目している。畿内の巨大古墳で行われる複雑な葬送儀礼への一定の準拠をみせながら、そこからさまざまな要素が欠落して周辺地域の首長墳や小古墳の葬送儀礼が展開するようすは、C・ギアーツが「劇場国家論」を展開したバリ島のヌガラ（小王国）における宮廷儀礼とこれを模倣した地域集団の小規模な儀礼との関係をも想起させる(4)。

古墳時代においては、中央と地方、大首長と小首長といった関係が葬送儀礼においてもっとも明瞭に、そして記憶に残る形で表示された。箸墓古墳は、相似形古墳の存在が示すように、圧倒的格差でもって中心―周辺関係を語り始め

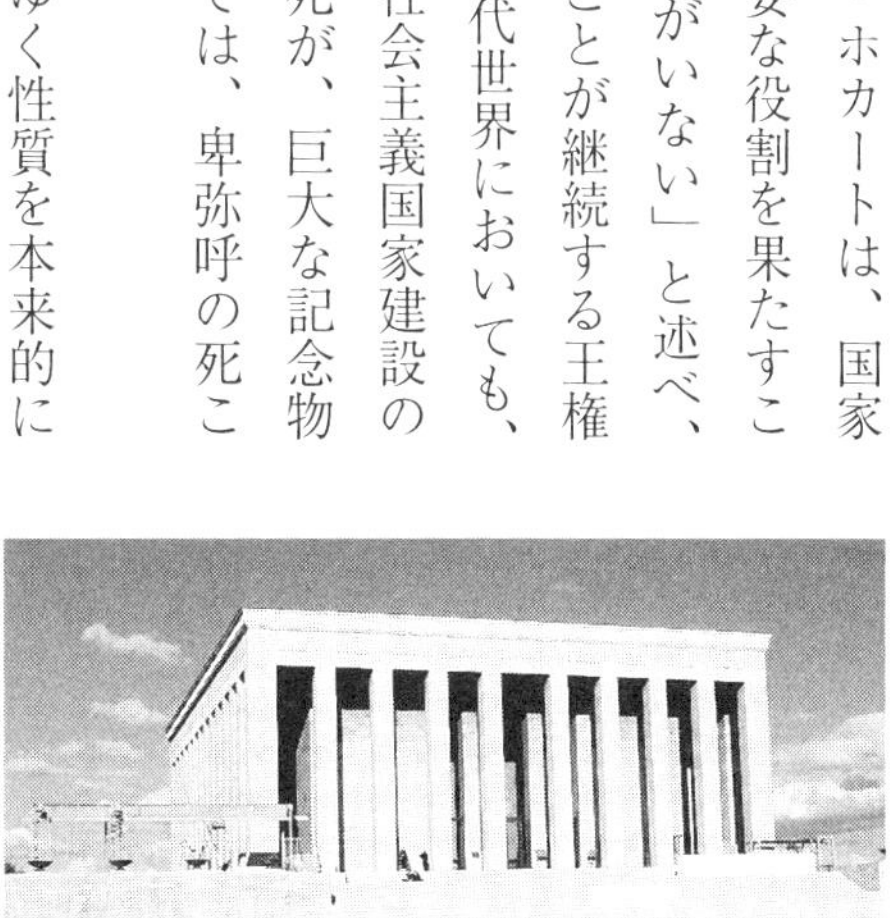
図47　アンカラのアタチュルク廟

(3) ホカートの研究は青木保『儀礼の象徴性』（岩波書店、一九八四年）に詳しく紹介されている。

(4) C・ギアーツ『ヌガラ――19世紀バリの劇場国家』（小泉潤二訳）みすず書房、一九九〇年。

(5) 福永伸哉「古墳の出現と中央政権の儀礼管理」『考古学研究』四六―二、一九九九年。

た最初の古墳だったのである。(5)

## 六　西方戦略と東方戦略

狗奴国との抗争終結と卑弥呼の死。二つの出来事が、列島規模での共通性を持ちながらも、しかし大和の最高首長を頂点とする明確な序列に貫かれた「古墳」を整備創出する大きなきっかけとなった。弥生後期の突線鈕式銅鐸の製作・流通を管理しえた畿内勢力のまとまりを基礎として、倭国乱後の倭人統合を主導し、対外交渉の独占をはかりながら宗教的枠組みの変革と青銅器管理を進めてきた長い前史の末に、大和政権は誕生したのである。

初期の大和政権が政治的主導権を維持するためにとった政治戦略はなにか。政権成立の前史をふまえながら、その政治活動を如実に示す三角縁神獣鏡の分布を検討すると、畿内以西と以東とでは異なった配布原理が浮かび上がるのである。

図48は、舶載三角縁神獣鏡のうち初期のＡＢ段階のものがどのような地域にもたらされているかを示したものである。鏡の配布開始時期については、製作年代を参考にして、おおむね後期邪馬台国政権から初期大和政権にかかる二四〇～六〇〇年代頃とみている。

図48　Ａ・Ｂ段階の三角縁神獣鏡分布

まず畿内以西に注目すると、初期の三角縁神獣鏡が瀬戸内および日本海地域の沿岸勢力に配布されたことを指摘できる。華北王朝からの冊封《さくほう》を権威の拠り所とする邪馬台国政権および大和政権の立場からみると、より多く分布する瀬戸内沿岸をメインルート、数量的にやや少ない日本海沿岸を迂回ルートとして確保しながら、政権の生命線ともいえる対中国交渉の継続をはかった西方戦略を示すと理解できるのである。

いっぽう畿内以東をみると、沿岸部への偏りは認められない。配布原理は異なるようだ。筆者は、伊勢湾沿岸の濃尾平野低地部に少なく、むしろ濃尾平野北西部、近江南部、遠江、上野などの地域に顕著となる分布の背景に、邪馬台国政権および初期大和政権の東海勢力に対する包囲網的な戦略を読みとるのである。

近年、卑弥呼ときびしく対立した隣国の狗奴国を伊勢湾沿岸を中心とする東海勢力にあてる説が有力になりつつあるが、弥生後期以降のこの地域の顕著な発展からみて、その蓋然性は高い。上述したように両国の抗争は、二四〇年代末には、魏の支援を受けた邪馬台国の優位のもとに一応の決着をみたようであるが、初期大和政権にとって狗奴国の残存勢力はやはり警戒す

図49　初期大和政権の中枢地（手前が箸墓古墳）

べき脅威と映ったであろう。旧狗奴国勢力を牽制しつつ、東国の首長層を政権に組み込んでいくことが、その東方戦略の柱だったのではなかろうか。

## 七　その後の大和政権

三世紀中葉～四世紀中葉にかけて、現在の桜井市、天理市を中心とする大和盆地東南部にひときわ巨大な前方後円墳や前方後方墳が多数築造された。この地域に基盤をおいた大和政権の勢いが継続した一〇〇年間であった。厳密にいえば、筆者は大和政権とは大和勢力が主導権を握った時期の畿内中央政権の別称と理解すべきであるという立場に立っており、大和盆地東南部に権力中枢のあった古墳時代前期の一〇〇年間を後の六世紀以降の大和政権と区別する意味で初期大和政権と呼ぶ。

初期大和政権によって整備された首長の葬送儀礼は、被葬者の北頭位原則、朱の多量使用、副葬品の品目や配置などの共通性に示されるように、一つの体系をもって列島内に広まっていった。水銀朱の多量使用、三角縁神獣鏡を中心とする直径九寸（魏晋尺で約二一cm）以上[6]の大形鏡の多量副葬などは、神仙術からえられたアイデアである可能性が高いし、北頭位原則や中国系小札革綴冑《こざねかわとじかぶと》の副葬は、葬送儀礼における中国志向が際立っていることを示している。政権

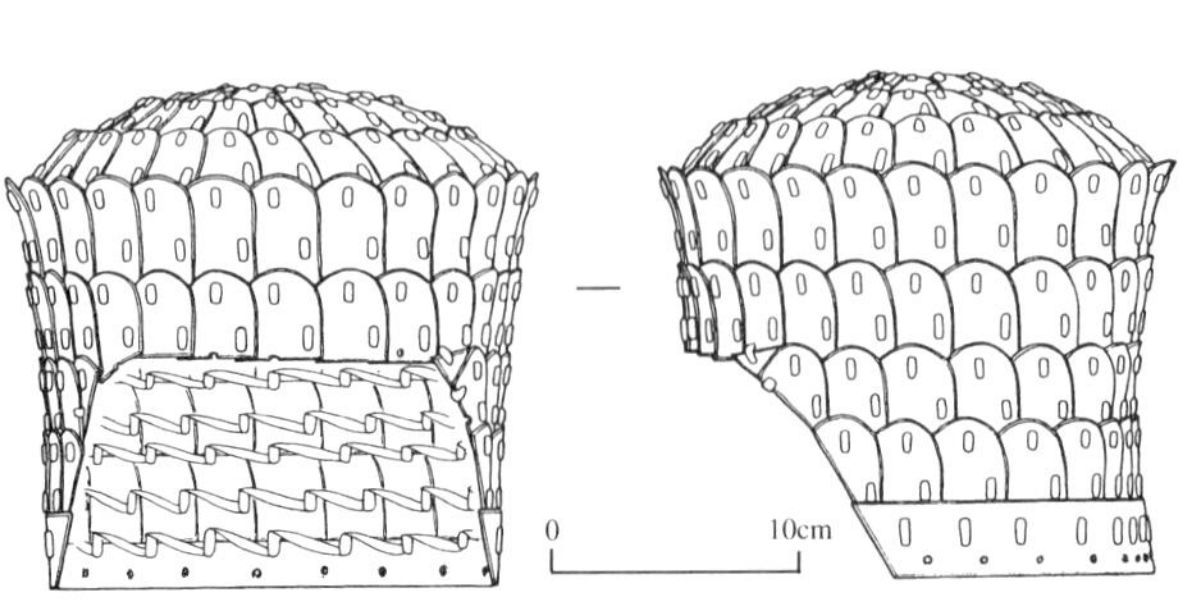


図50　滋賀県雪野山古墳の小札革綴冑

の権威基盤が魏晋王朝からの册封にあり、卑弥呼に始まる「支配者の宗教」が神仙思想と関連していたことを想起すれば、納得のいく内容である。

しかし、これらの原則は四世紀中葉以降急速に崩れていく。時間の経過による形骸化でもあろうが、そうした方式を創出、普及させた政権中枢の権威の低下と受け取ることもできよう。ほぼ同じ時期に、大和盆地東南部における巨大古墳の築造が停止し、巨大古墳群の築造される地域が、四世紀後半には大和盆地北部へ、四世紀末から五世紀にかけては河内・和泉へと移動する点も示唆的である。

こうした変化について筆者は、畿内政権という大きな枠組みのなかで、主導権が卑弥呼以来の大和盆地勢力から新興の河内勢力に移ったと解釈する。初期大和政権にとっては、魏に続いて後ろ盾となった西晋王朝が、三一六年に匈奴《きょうど》の侵入により滅亡したことが致命的な打撃であった。

いっぽう、力をつけた河内勢力が大陸における連携のパートナーとしたのは、朝鮮半島南部で四世紀に急速に勢力を増した加耶《かや》地域の有力首長層であった。河内勢力の本拠ともいえる大阪府古市《ふるいち》古墳群に、この地域との技術的関連がうかがえる甲冑《かっちゅう》や刀剣などの鉄製品が数多く副葬されていることは、両者の関係を雄弁に物語っている。その伽耶勢力の台頭も、西晋滅亡に先立つ三一四年に楽浪郡が高句麗の手に落ち、朝鮮半島おける中国の郡県制支配に終止符が打た

（6）神仙術においては直径九寸以上の鏡の効力が特に重視されている。

れたことと無関係ではなかろう。古墳時代の政界再編ともいえる変化のうらには、東アジア情勢の流動化という要素が横たわっていたのである。

## 八　古墳の造られた時代

巨大な前方後円墳を眼前にしたときの、その巨大さに対する驚きは、高層ビル群を見慣れた現代の私たちにも新鮮である。世界各地の農耕社会の成立から巨大な王陵誕生までの時間を比較した佐原眞は、西アジア、中国、ヨーロッパで数千年を要したのに対して、日本では弥生時代開始から六〇〇年ほどで前方後円墳を生みだしたことに注目する。(7) たしかに、日本列島における王陵誕生の速度はきわめて速かった。

ただそのいっぽうで、列島において、巨大な墳丘に社会関係を表示する役割を担わさなくてはならなかった理由も考える必要がある。前方後円墳が登場した三世紀は、中国においては横穴式の塼室墓(8)による薄葬化《はくそうか》が進む時期であるし、朝鮮半島でも巨大な墳丘は発達していないのである。さらに、その後三五〇年にわたって大豪族から有力農民にいたる各層がこぞって墳丘や周溝をもつ墳墓をつくり続けた点も特異といわざるをえない。この間に築造された古墳の数は三〇万基とも四〇万基ともいわれる。気の遠くなるような多くのエネルギーが

(7) 佐原眞「皆の中の一人から皆の上に立つ一人へ」『弥生から古墳へ　日本の古代はこうして始まった』同朋舎出版、一九九六年。

(8) 粘土を焼いて造ったレンガ状の塼を積み上げて墓室としたもの。漢代以降、中国を中心に東アジアにひろく普及したが、日本には純粋な形では入らなかった。

古墳築造を含む葬送儀礼に投入されたのである。

これだけのエネルギーがたとえば道路整備に向けられていたなら、車両による運搬がはやくに導入され、物資流通の効率が劇的に向上したかもしれないし、農地開拓にあてられていれば農業生産の飛躍的な増大が各地でみられたかもしれない。しかし、一部で大規模な灌漑・運搬用の人工水路が開削された可能性はあるものの、古墳築造に匹敵するような公共工事が行われた形跡は希薄である。増加した農業生産も、つぎつぎと古墳築造に投入されていったというのが実態であろう。逆説的ではあるが、古墳時代とは巨大な墳丘の威容とはうらはらに、ある意味で停滞の時代ではなかったかとさえ思えるのである。

しかし、日本という国家の形成へ向かうためには、葬送儀礼に精力を注いで各地の倭人社会をつなぎとめ、古墳に社会の秩序を語らせた三五〇年間もまた必要であった。社会内部の十分な成熟を待たずして東アジアの国際舞台へ登場した倭国にとって、古墳時代とは早熟な王権形成がはらむ諸矛盾を儀礼のなかに解消しようとした時代だったのである。

## 挿図表出典一覧

図1　①『三雲遺跡』その3　福岡県教育委員会，1985年
　　②「佐賀県三津永田遺跡」『日本農耕文化の生成』東京堂，1960年
図2　大阪文化財センター編『亀井』大阪府教育委員会・大阪文化財センター，1983年
図3　『史跡池上曽根遺跡保存整備事業報告書』和泉市教育委員会，2000年
図4　『埼玉稲荷山古墳』埼玉県教育委員会，1980年
図5　①奈良県立橿原考古学研究所編『ホケノ山古墳調査概報』学生社，2001年
　　②文化庁所蔵品を筆者撮影
図7　『大塚遺跡』横浜市埋蔵文化財センター，1991年
図8　乾哲也「畿内大規模集落の構造」『弥生の環濠都市と巨大神殿』（池上曽根遺跡史跡指定20周年記念事業実行委員会，1996年）掲載図を改変
図9　『雁屋遺跡』四条畷市教育委員会，1987年
図10『服部遺跡発掘調査概要』（滋賀県·守山市教育委員会，1979年）掲載図を改変
図11　春成秀爾「銅鐸の起源と年代」『市民の考古学』Ⅰ（名著出版，1994年）掲載図を改変
図12　春成秀爾「銅鐸のまつり」『国立歴史民俗博物館研究報告』第12（1987年）掲載図を改変
図14『京都府遺跡調査概報』第87冊（京都府埋蔵文化財調査研究センター，1995年）掲載図を改変
図16『名東遺跡発掘調査概要』名東遺跡発掘調査会，1990年
図17『三坂神社墳墓群・三坂神社裏古墳群・有明古墳群・有明横穴群』（大宮町教育委員会，1998年）掲載図を改変
図18『大風呂南墳墓』岩滝町教育委員会，2000年
図19　鳥取県埋蔵文化財センター保管品を筆者撮影
図20『椿井大塚山古墳と三角縁神獣鏡』（京都大学文学部，1989年）掲載図を改変
図21『長岡京市埋蔵文化財センター年報　昭和61年度』長岡京市埋蔵文化財センター，1988年
図22『徳島県埋蔵文化財センター年報Vol.4』徳島県埋蔵文化財センター，1993年
図23　松木武彦「ヤマト政権成立の背景」『卑弥呼誕生』（大阪府立弥生文化博物館，1997年）掲載図を改変
図24　三木文雄『日本出土青銅器の研究』第一書房，1995年
図26　難波洋三「近年の銅鐸研究の動向」『銅鐸と邪馬台国』（サンライズ出版，1999年）掲載図を改変
図27　馬淵久夫「鉛同位対比による青銅器原料産地の推定」『新しい研究法は考古学になにをもたらしたか』（クバプロ，1989年）掲載図を改変
図28『平成8年度　唐古・鍵遺跡　第61次発掘調査概報』田原本町教育委員会，1997年
図29　①梅原末治『漢三国六朝紀年鏡図説』桑名文星堂，1943年
　　②陳佩芬『上海博物館蔵青銅鏡』上海書画出版社，1987年
図32　森下章司・千賀久編『大古墳展』（東京新聞，2000年）掲載図を改変
図33『近江の銅鐸と河内の銅鐸』野洲町歴史民俗資料館，2000年
図34『城陽市史　第三巻』城陽市役所，1999年
図37　大阪府立弥生文化博物館提供
図38『権現山五一号墳』権現山51号墳刊行会，1991年
図39　文化庁所蔵品を筆者撮影
図40　a 文化庁蔵，b・d 五島美術館蔵，c 河北省文物研究所蔵，e 黒川古文化研究所蔵，f 遼寧省博物館蔵　いずれも筆者撮影
図42　①『免ケ平古墳　史跡川部・高森古墳群保存修理事業報告書』大分県立宇佐風土記の丘歴史民俗資料館，1991年
　　②柳田康雄「三・四世紀の土器と鏡」『森貞次郎博士古稀記念古文化論集』同刊行会，1982年
図43　①東北博物館「遼陽三道壕両座壁画墓的清理工作簡報」『文物参考資料』1955年12期
　　②裴淑蘭編『歴代銅鏡紋飾』河北美術出版社，1996年
図44　樋口隆康『三角縁神獣鏡総監』（新潮社，1992年）掲載写真を改変
図47　中谷功治氏撮影
図49『朝日百科　日本の歴史別冊2』朝日新聞社，1995年（撮影／W・P・E）
図50『雪野山古墳の研究』八日市市教育委員会，1996年
図6・13・15・25・30・31・35・36・41・45・46・48，表1・2・3は筆者作成

写真の掲載については，関係諸機関から御高配をいただいた．また，挿図作成にあたっては，白井美友紀さん，高橋順子さんの援助をえた．その負うところを記し，深く感謝します．

福永　伸哉（ふくなが　しんや）
1959年　広島県に生まれる
1986年　大阪大学大学院文学研究科博士課程中退
現　在　大阪大学大学院文学研究科教授
研究テーマ　原始古代葬制、弥生・古墳時代の地域間関係、古代銅鏡
キーワード　葬制、古墳、邪馬台国、大和政権、三角縁神獣鏡
所属学会　考古学研究会、日本考古学協会、日本考古学会
主　著　（共編著）『雪野山古墳の研究』（八日市市教育委員会、1996年、雄山閣考古学特別賞受賞）
（共著）『古代国家はこうして生まれた』（角川書店、1998年）
（共著）『前方後円墳の出現』（雄山閣、1999年）
『三角縁神獣鏡の研究』（大阪大学出版会、2005年、第19回　濱田青陵賞受賞）

大阪大学新世紀セミナー

邪馬台国から大和政権へ

2001年10月20日　初版第1刷発行　［検印廃止］
2014年3月1日　初版第5刷発行

編　集　大阪大学創立70周年記念出版実行委員会
著　者　福永　伸哉
発行所　大阪大学出版会
代表者　三成　賢次
〒565-0871　吹田市山田丘2-7
大阪大学ウエストフロント
電話・FAX　06-6877-1614（直）
（URL）http://www.osaka-up.or.jp
組　版　㈱桜風舎
印刷・製本所　㈱太洋社



ISBN978-4-87259-117-0　C1321

# 「大阪大学新世紀セミナー」刊行にあたって

健康で快適な生活、ひいては人類の究極の幸福の実現に、科学と技術の進歩が必ず役立つのだという信念のもとに、ひたすらにそれが求められてきた二十世紀であった。しかしその終盤近くになって、問題は必ずしもさほど単純ではないことも認識されてきた。生命科学の大きな進歩で浮かび上がってきた新たな倫理問題、環境問題、世界的な貧富の差の拡大、さらには宗教間、人種間の軋轢の増大のような人類にとっての大きな問題は、いずれも物質文明の急激な発達に伴う不均衡に大きく関係している。

一九三一年に創立された大阪大学は、まさにこの科学文明の発達の真っ只中にあって、それを支える重要な成果を挙げてきた。そして、いま新しい世紀に入る二〇〇一年、創立七十周年を迎えるにあたって企画したのが、この「新世紀セミナー」の刊行である。大阪大学で行われている話題性豊かな最先端の研究を、学生諸君や一般社会人、さらに異なる分野の研究者などを対象として、できるだけわかり易くと心がけて解説したものである。

これからの時代は、個々の分野の進歩を追求する専門性とともに一層幅広い視野をもつことが研究者に求められ、自然科学と社会科学、人文科学の連携が必須となるだろう。細分化から総合化、複合化に向かう時代である。また、得られた科学的成果を社会にわかりやすく伝える努力が重要になり、社会の側もそれに対する批判の目をもつ一方で、理解と必要な支持を与えることが求められる。本セミナーの一冊一冊が、このような時代の要請に応えて、新世紀を迎える人類の未来に少しでも役立つことを願ってやまない。

大阪大学創立七十周年記念出版実行委員会